去旅行吧！
澳大利亚海洋探索之旅

金丽娜 刘瑜 / 编著　　野作插画工作室 / 绘

现代教育出版社
Modern Education Press

中国图书进出口（集团）总公司
CHINA NATIONAL PUBLICATIONS IMPORT & EXPORT (GROUP) CORPORATION

一次旅行，一些发问，会在孩子心里埋下怎样的种子？

第一章 这就是澳大利亚

Hi, 你好哇, 我是乌龟小Q, 我喜欢旅行! 看不一样的风景; 喜欢冒险, 体验新鲜又好玩儿的事物; 我还喜欢尝试好多好吃的, 因为每个地方的美食都别有风味! 小朋友, 你也和我一起去旅行, 去看世界吧!

这次, 小Q来到了澳大利亚, 这里有很多独特的动物和植物, 美丽的大堡礁就在澳大利亚的海岸线, 在这里还能观赏到鲸鱼和海豚哦。让我们一起开启奇妙的海洋探索之旅吧!

澳大利亚

澳大利亚印象

一提到澳大利亚你最先想到的是什么呢？小Q最先想到的是：蹦蹦跳跳的袋鼠、可爱的考拉、壮观的悉尼歌剧院，还有美丽的大堡礁。

壮观的悉尼歌剧院

这就是大名鼎鼎的悉尼歌剧院！近看像大贝壳，远看像停在海面上的帆船。这是悉尼的标志性建筑，已经被联合国教科文组织评为世界文化遗产哦。

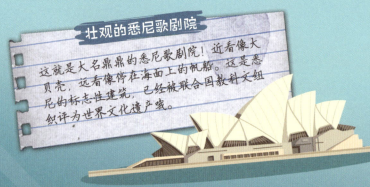

蹦蹦跳跳的袋鼠

我是动物界里的跳远健将——袋鼠。我的肚子前有一个口袋，就像哆啦A梦一样，不过我这个口袋只是用来装我的小宝宝的。

可爱的考拉

我是名副其实的"大懒虫"，因为我总在睡觉，每天我能在树上睡20个小时，醒了就开始吃桉树叶，我只吃桉树叶，吃饱了接着睡。大概是因为我比较稀有吧，所以我成了澳大利亚的国宝。欢迎你来澳大利亚看我。

美丽的大堡礁

美丽的大堡礁，是世界上最大的珊瑚礁群，绵延数千公里，是世界七大自然奇观之一。美轮美奂的珊瑚与五颜六色、各式各样的海洋生物让这里闻名遐迩！

约9030公里

北京

悉尼

堪培拉

从北京到堪培拉，大约需要13个半小时。

澳大利亚在哪儿

澳大利亚位于大洋洲，是世界上唯一一个独占一个大陆的国家哦！它位于南太平洋和印度洋之间，四面临海。闻名世界的大堡礁就在东北部沿海区域。

澳大利亚大事年表

　　大约在四万年前澳大利亚这片大陆上就已经有一些土著居民在这里生活了，后来英国人在这里建立了殖民地，最终将澳大利亚发展成为英联邦中的一个独立国家。

- 1606 年，荷兰人在澳大利亚登陆，命名这片土地为"新荷兰"。
- 1770 年，英国航海家詹姆斯·库克宣布这片土地属于英国了。
- 1900 年，英国女王宣布澳大利亚联邦在悉尼正式成立。
- 1901 年 1 月 1 日，澳大利亚首都迁往堪培拉。
- 1927 年，澳大利亚成为英联邦内的独立国家。
- 1931 年，澳大利亚成为英联邦内的独立的国家。
- 2000 年，第 27 届夏季奥林匹克运动会在澳大利亚悉尼举办。

欢迎你们！

让我们做朋友吧。

航海家库克船长

土著民部落首领

澳大利亚的国旗

　　澳大利亚国旗很特别，我们可以在上面找到英国的"米"字旗图案。因为澳大利亚是英联邦的成员国，而且都是同一个国家元首。在"米"字旗下有一颗最大的七角星，象征组成澳大利亚联邦的六个州和联邦领地，其余的四颗七角星与一颗五角星，代表的是太平洋上空的南十字星座。

四颗七角星与一颗五角星，代表的是太平洋上空的南十字星座。

最大的七角星象征组成澳大利亚联邦的六个州和联邦领地。

澳大利亚国旗

谁是澳大利亚的"头儿"？

澳大利亚政府首脑是澳大利亚的总理。虽然名义上的国家元首是英国女王（澳大利亚与英国及其他英联邦王国都是一个君主——英国女王），但女王不经常在澳大利亚，所以真正在澳大利亚行使行政权力的人是澳大利亚的总理。

澳大利亚名片

首都： 堪培拉
语言： 英语
面积： 768.2万平方公里
主要城市： 墨尔本、悉尼、布里斯班、达尔文
国花： 金合欢

澳大利亚国会大厦

国会大厦一般是用于政府内阁成员或者议会成员进行要事商讨或临时休息的建筑物。它是建筑艺术、工艺美术和装饰艺术完美壮观的统一体，它反映着澳大利亚的历史、迥然不同的多元文化、国家的发展和对未来的企盼。雄伟壮观的国会大厦体现了澳大利亚联邦的形象和精神。

国会大厦

有趣的节日

"一起来玩儿吧！"这里就是墨尔本一年一度的蒙巴节现场。"蒙巴（Moomba）"是澳大利亚原住民的语言，意思是"让我们一起来玩儿"。1955 年举办了第一届蒙巴节，之后每年的 3 月都会举办为期 4 天的狂欢活动。蒙巴节每年都非常隆重，如今有上百万人一起 High！

来看看蒙巴节上到底都有什么好玩儿的吧。首先是大游行，游行团队来自世界各地。除了有漂亮的花车，还有穿着各种艳丽服装的表演团体，一边走一边表演，可能还会看到当地的华侨表演的舞龙哦。

除了好看的游行表演，蒙巴节上最好玩、最欢乐的节目就是鸟人拉力赛。参赛者会穿着夸张搞笑的服装，用自己设计制作的各种飞行器，从高台上"飞"到水中，看谁飞的更远。你猜猜是这只鸵鸟飞得远还是小黄鸭飞的远呢？

炎热的圣诞节

　　咦？那个头戴圣诞帽、穿着红色大短裤的白胡子老爷爷是圣诞老人吗？哈哈没错，在澳大利亚你看到的圣诞老人有可能是踩着冲浪板从大海上来哦。因为澳大利亚位于南半球，12月份的圣诞节正是这里炎热的夏季，有些地区的气温高达40摄氏度。这是不是完全颠覆了我们印象中白雪皑皑的圣诞节呢！但是小Q觉得这样的圣诞节更有趣。

　　由于澳大利亚的圣诞节天气炎热，很多家庭都会选择去海边或野外露营聚餐，在大自然中度过这一年里最重要的节日。在户外烧烤庆祝圣诞，一边享受夏日的阳光，一边享用美食，是最有澳大利亚本土特色的庆祝圣诞方式。

小Q说

　　每年的圣诞前夜，澳大利亚人都要聚集在一起，观看当地电视台直播的烛光圣诞歌曲晚会，这就像我们中国人过春节一定要聚在一起看春节联欢晚会一样。

Hi, Merry Christmas!

圣诞节吃冰激凌，这感觉太棒啦！

澳大利亚的特色之旅

观鲸天堂

快看！这里正有一群鲸鱼在海中嬉戏呢。澳大利亚拥有绵长的海岸，有很多地方就是鲸鱼的聚集地，或是它们迁徙途经地，在这里你会看到不同种类的鲸鱼，有座头鲸、南露脊鲸和小虎鲸等。可以说澳大利亚就是全世界观赏鲸鱼最棒的地方！

天呐！有个大家伙跳出水面啦！

座头鲸 它可是海洋中的长臂罗汉，如果看到一头鲸鱼，它有一对长长的鱼鳍，那就可以判断这就是座头鲸了。座头鲸的长鳍几乎占到它们体长的三分之一。它们性情温顺，经常一双一对地活动，以小型鱼类为食。

南露脊鲸 南露脊鲸身体的颜色多为黑色，一些部位会有白色的斑点，它最明显的特征是有着宽广的背部而没有背鳍，嘴部呈拱状。很多鲸鱼喷出的水柱都是柱状，而它喷出的水柱呈"V"字形。

在这里你有可能会遇到壮观的鲸跃哦。鲸跃就是指鲸鱼从海里跃出水面。当庞大的鲸鱼从海里腾空跃起又落下时，巨大的轰鸣声在几千米外都能听到。鲸鱼为什么会突然从海中跃起呢？有一种解释说它们是在玩耍，高兴的时候就会跳出来。幼年鲸的跳跃次数，一般要比成年鲸多。这是因为幼年鲸和小孩一样喜欢玩，"跳出水面"是它们最爱玩的一种娱乐。

虎鲸 虎鲸是一种大型齿鲸，身长一般为8~10米，颜色黑白分明，背部为漆黑色，腹部大部分为雪白色，两眼的后面也各有一块梭形的白斑。虎鲸最明显的特征是它背部上那高而直立的三角形背鳍。它还有锋利的牙齿，性情凶猛，善于进攻猎物，是企鹅、海豹等动物的天敌。就连大白鲨它也不怕，被称为"海上霸王"。

袋鼠岛——没有围栏的动物园

袋鼠岛是南澳最著名的旅游区，岛上四分之一的面积被定为国家公园和保护区，这里除了生活着袋鼠还有很多其他动物。在这里你可能会迎面遇到一群正在草地上嬉戏的袋鼠，它们并不惧怕人类，似乎已经习惯来来往往经过的游客。如果来到海岸边的海豹湾公园，还能看到摇摇摆摆的企鹅在沙滩上走来走去，或者躺在岩石上晒太阳的海豹……相比我们在普通动物园里看到的动物，这里的动物真是开心又幸福。而我们能有机会亲眼看到它们在大自然中生机勃勃的模样也算是大开眼界了。

小 Q 说

袋鼠岛有苍绿幽然的原始森林，宁静清透的湖泊和美丽绵延的海岸线，不仅是动物们的安乐窝，也是人们享受自然风光的绝佳之地。

欢迎你来我家做客！

第二章 小Q带你游澳大利亚

澳大利亚不仅有美丽又壮观的大堡礁、世外桃源般的森林公园，在这里，还能与可爱的海豚近距离接触，以及体验当地独特的土著文化……快跟随小Q一起去澳大利亚体验那里的美景和风情吧。

多姿多彩的悉尼

悉尼是澳大利亚新南威尔士州的首府，也是澳大利亚面积最大、人口最多、经济最发达的城市。有人说悉尼是南半球的"纽约"，可见其繁华与发达。当然，这个南半球的"纽约"又具有着独特的澳大利亚本土风情。

悉尼歌剧院：在贝壳里听音乐

看到这几个大大的白色贝壳一样的建筑就知道这里就是悉尼歌剧院了。悉尼歌剧院不仅是澳大利亚艺术文化的殿堂，更是其地标性建筑，也是全世界最具特色的建筑之一，2007年还被联合国教科文组织评为世界文化遗产。由于悉尼歌剧院坐落在悉尼港，它独特的外形从远处看就好像一艘正要起航的帆船。而走到近处看，它又像是一个陈放着几个大贝壳的展台。

悉尼歌剧院除了上演歌剧以外，这里还经常举办交响乐、舞蹈、爵士乐、流行乐等多种表演活动。当然，这里也会接待从世界各地来参观的游客。

小Q说

悉尼歌剧院是丹麦建筑设计师约恩·乌松设计的。据设计师本人说，当初他的设计理念既非风帆，也不是贝壳，而是剥开的橘子瓣！哈哈，是不是很有趣？看来有时候设计灵感也可以源自对生活的观察。

世外桃源般的蓝山国家公园

蓝山国家公园里有大面积的原始丛林和亚热带雨林。当你走在公园里会闻到一种让人神清气爽的香气，这种气味就是尤加利树（桉树）散发的。这里到处都是尤加利树，它可是澳大利亚的国树哦，它的树叶就是考拉唯一的食物。

千万不要以为这种原始的森林公园一定是荒无人烟只供游客观赏的，其实在这里居住了很多居民，分布在7个大小村镇。这才是真正的人类与自然、原始与文明的和谐共处。在这里，游客可以坐高空缆车欣赏到著名的"三姐妹岩"，还可以乘坐怀旧蒸汽火车穿行在公园内观赏自然风景，或者沿着蓝山河岸骑马，还有惊险刺激的攀岩项目可以体验哦。

哇！这里的景色太美了！

凯恩斯：通往大堡礁的必经之地

凯恩斯市位于澳大利亚昆士兰州北部的东海岸，是一座很发达的城市。而游客来到凯恩斯都是为了从凯恩斯码头乘船去看举世闻名的大堡礁。早在 1981 年大堡礁就被列入了《世界自然遗产名录》。快让我们一起跟随小 Q 来了解下这个地球上的天然奇迹吧。

蔚为壮观的大堡礁

大堡礁是世界上最大最长的珊瑚礁群，绵延 2000 余公里，包括 400 多种形状、大小、颜色各异的珊瑚。有些微小到肉眼看不清，有些却可宽达 2 米。它们的形状千姿百态，有的像雪中红梅；有的似开屏的孔雀；有的浑圆如蘑菇，有的纤细如鹿茸；还有的像灵芝……而这些珊瑚的颜色更是绚丽动人，或白如飞霜，绿似翡翠，或是淡粉、鲜黄、深红，让人看得如痴如醉，美不胜收！瞧，小 Q 已经被眼前的美景震撼得无法用言语来形容自己的心情了。

美丽的心形珊瑚岛

科学家说，大堡礁的形成经历了数万年的岁月，才会形成我们如今看到的壮丽景观！整片大堡礁有将近900个大大小小的岛屿组成，其中包括很多座珊瑚岛。珊瑚岛是海中的一些活着的珊瑚虫或已死亡的珊瑚虫遗骸礁体堆筑构成岛屿，因此被称为珊瑚岛。

其中心形珊瑚岛是大堡礁最奇特的景观。在空中俯瞰，这个珊瑚岛就是一个天然的心形，搭配上周围如绿宝石般的水色，真是美轮美奂啊！有人把心形珊瑚岛比作是上帝的作品，是上帝想把这里当作心灵的栖息之地。

小Q说

你知道吗？美丽的大堡礁正在慢慢消失！因为珊瑚只有在干净的水质和适宜的水温中才能生存，保持靓丽的颜色。但如今由于我们人类的原因导致气候变暖、环境污染使得海水温度逐渐升高，水质遭到破坏，越来越多的珊瑚因此而褪色死去。这真是令人心痛！所以我们每个人都要坚持低碳生活，保护环境，留住这些美丽。

年轻的首都——堪培拉

澳大利亚的首都堪培拉是一个很年轻的城市，位于墨尔本和悉尼之间，1927 城市建成后才迁都于此。"堪培拉"也是当地居民起的传统名字，意思是"汇合之地"或是"聚会的地方"。是不是听名字就觉得这里是个让人欢快的地方？

澳大利亚国家博物馆

澳大利亚国家博物馆位于堪培拉市中心伯利·格里芬湖畔的艾克顿半岛上。这座依水而建的建筑造型很别致，小Q是第一次看到如此有想象力的建筑呢。这里有6个展馆和1个花园，馆内收藏了包括绘画、摄影、家具、衣饰在内的20多万件文物，拥有世界上规模最大的澳大利亚土著人版画、石雕、树皮画等艺术品和日常用品收藏。来这里参观可以很直观地了解澳大利亚原住民的历史和文化。

瞧，旁边的这幅画就是澳大利亚原住民艺术家创造的树皮画。树皮画是原住民创造的以原始宗教为主题的一种绘画艺术，是艺术家们利用当地矿物和泥土研磨成颜料在树皮上创造出来的，具有澳大利亚原始艺术的鲜明特点。

原住民树皮画

墨尔本：世界花园之都

墨尔本是澳大利亚南部滨海城市，也是世界著名的旅游城市和国际大都市，有"世界花园之都"的美誉。除了有发达繁华的商业，墨尔本还有天然动物保护区，比如菲利普岛，就是一个游玩度假胜地。

去菲利普岛看世界上最小的企鹅

看！那是企鹅吗？它们从海浪里冒出来了。可爱的小家伙们摇摇摆摆地登上沙滩，排着方队，整整齐齐地向它们的洞巢走去。这是世界上最小的一种企鹅，身高只有大约40厘米，但它们已是成年企鹅。这些成年企鹅去大海里找吃的，然后回来哺喂它们的企鹅宝宝。可爱的企鹅们走到沙滩的另一头登上斜坡就各自分开，秩序井然地走向自己的洞巢。

这里是动物天然保护区，所以在这里企鹅是这片海滩的主人，人类想要围观这些可爱的小家伙，必须在指定的观看台上，不打扰地去观赏。

小Q说

这些小企鹅属于企鹅家族中最小的一种，学名是"小蓝企鹅"，因为它们的头部和背部是靛蓝色的。小蓝企鹅还有个很奇妙的名字——神仙企鹅！这些神仙企鹅像人类一样，每天日出而作，日落而息。天一亮，辛劳的企鹅爸爸妈妈们就奔向大海去捕食，黄昏时分就会回来喂它们的小宝宝。

阳光之城：布里斯班

布里斯班是澳大利亚昆士兰州首府，也是澳大利亚的第三大城市，仅次于悉尼与墨尔本。由于布里斯班临近南回归线，年均日照时间长，所以有"阳光之城"的美誉。

去海豚岛和海豚做朋友

"海豚岛"顾名思义就是可以看到海豚的地方。其实这个岛叫摩顿岛，但因这里经常有成群的海豚来造访，所以又被称为"海豚岛"。在这里几乎每天晚上都会有海豚如约而至，在岸边戏水，你可以亲自喂食这些可爱的海豚哦。要知道，这些海豚可不是像海洋馆里被驯养的，而是生活在大海里的野生海豚呢。它们能每天来这里与我们人类约会是不是感觉很奇妙？这些可爱的海豚已经把这里的人当作朋友啦！

真好吃！
谢谢你的
鱼。

想象力爆棚的昆士兰现代艺术馆

哎呀，这头大象怎么头朝下站着？这就是昆士兰现代艺术馆前的一个很有趣的青铜雕塑作品，名叫"世界颠倒"。你看到大象旁边还有一只不起眼的小水鼠吗？它也是这个雕塑作品的一部分。在澳大利亚原住民的传统文化中，水鼠是照看领地的神，大概是这头大象冒犯了水鼠，于是它用自己的神力将大象颠倒在地。是不是很有想象力？现在我们就到艺术馆里去遇见更多的想象力吧。

昆士兰现代艺术馆是澳大利亚最重要的艺术展馆，是昆士兰的文化中心。这里不仅有澳大利亚本土艺术家和土著民的艺术作品，还有很多世界各国富有想象力的作品，包括油画、雕塑、摄影、录像、装置艺术等等都能在这里看到。瞧，这辆可爱的面包车上顶着一座可爱的小房子，这算是房车吗？哈哈！原来艺术也可以这么可爱有趣呢！

真想开着这个小车周游世界！

特别的度假城市：黄金海岸

黄金海岸是澳大利亚昆士兰州太平洋沿岸的城市，以其绵长的金色海滩而得名，是全澳很特别的一个旅游度假城市。游客在这里既可以享受现代文明的便利与快乐，又能体验别具特色的澳大利亚土著文化风情。

梦幻世界主题公园

没有哪一个小朋友不喜欢游乐园，梦幻世界主题公园可以满足你对游乐园的一切幻想。当然这里的游乐园自然是有当地特色的，可以说是集澳大利亚精华于一地的梦幻世界。这里最大的两个特色就是澳大利亚土著文化体验区和本土野生动物体验区。

本土野生动物体验区

在梦幻世界主题公园的野生动物体验区可以看到很多澳大利亚本土野生动物，有跳来跳去的袋鼠、濒危的兔耳袋狸、毛茸茸的袋熊、珍稀的树袋鼠……当然，少不了澳大利亚国宝——考拉。这里的野生动物体验区拥有黄金海岸市最大的考拉栖息地，在这里你可以抱着呆萌的考拉合影哦。瞧，第一次抱考拉的小Q多开心！

哇，能抱到一只醒着的考拉真是太幸运啦！

小Q说

考拉是澳大利亚的国宝，又叫树袋熊，是珍贵的原始树栖动物。当然它并不属于熊类，而是有袋类动物。考拉只吃桉树叶，平时从来都不喝水，树叶中的水分就足以满足它们的需求。它们每天有差不多20个小时都在树上睡大觉哦。

土著文化体验区

在梦幻世界主题公园的土著文化体验区你可以与澳大利亚土著民近距离接触，和他们一起体验独特的土著文化。瞧，小Q刚刚在这里学着当地土著民做了脸部彩绘，是不是很有趣？

这里的土著民喜欢文身或在身上涂抹各种颜色。平时仅在脸颊、肩和胸部涂上一些黄色和白色，而在节日或者一些重要的仪式上全身都会画上独特的彩绘。这些彩绘多为粗线条，有的像雨点，有的似波纹，看上去很别致。

小Q说

在欧洲人来到澳大利亚之前，这里就生活着澳大利亚最早的居民，我们称为土著民或原住民，他们属于游牧民族，没有固定的居住点，分散在整个澳大利亚，共有500多个部落。澳大利亚土著民的文化是现存最古老的文化之一。

除了体验脸部彩绘，在这里还可以欣赏到土著民演奏迪吉里杜管（Didgeridoo），这是一种古老的土著部落乐器，也是世界上最古老的乐器之一。迪吉里杜管是澳大利亚土著民文化艺术的瑰宝和代表。

春溪国家公园里的"蓝精灵"

你见过能发出蓝色光芒的小虫子吗？我们知道萤火虫通常是发绿色的荧光，而在春溪国家公园里的山洞中，生活着一种闪耀着蓝光的昆虫。在漆黑的洞穴里，这些美丽的"蓝精灵"大片大片地聚集在山洞的顶部，绽放出梦幻般的蓝光，如同夜空中的繁星一样，美得让人无法用语言形容！据说这种蓝光虫只有在澳大利亚和新西兰才能看到哦。大自然总能给我们带来惊艳和惊喜！

小Q说

这些发出蓝光的昆虫依靠体内发光来吸引猎物。它们自己对光线很敏感，如果有光就会离开，所以来这里参观不能用手电筒照它们哦。

第三章 让旅行更完美

去澳大利亚旅行我们要注意什么？出发之前要做哪些准备？想要不虚此行就要提前做好准备哦。这样才能让你的旅行更完美！

小旅行家做功课！

认识澳大利亚货币

在澳大利亚人们使用的货币是澳元，澳元就是澳大利亚元的简称。澳元纸币面额有5、10、20、50、100元等。硬币有1、2澳元，以及5、10、20和50分等。这些纸币除了5澳元上印有英国女王伊丽莎白二世的头像，其他面额的纸币上的头像都是澳大利亚本土的著名诗人、艺术家、政治家或军事家等一些有着非凡影响力的行业领袖。

北京

悉尼

澳大利亚的春夏秋冬

澳大利亚位于南半球，所以当北半球的中国正值大雪纷飞的寒冬时，澳大利亚却处于烈日炎炎的夏季。冬天的澳大利亚也不会太冷，同样适合游玩。到了9月份，这里便冬去春来，迎来春天。而从12月开始到次年的2月则是炎热的夏季。同一个星球上，两个地方的人却过着截然相反的季节，是不是很有趣啊！

倒时差

虽然澳大利亚的季节和我们完全不同，但其实澳大利亚和我们中国的时差只有3个小时，当北京时间是早上8点钟时，堪培拉已经是上午11点钟啦。

北京时间

堪培拉时间

交通工具

在澳大利亚的一些主要旅游城市可以选择乘坐巴士、电车或地铁这些公共交通工具出行。在悉尼和墨尔本的海港也可以选择乘坐轮渡，去游览各个景点。

我想要个纪念品

在澳大利亚选纪念品，首选的自然是具有当地特色的土著文化艺术品。还有神奇的飞去来器。以前，它是当地土著人的传统狩猎工具，如今都以工艺品的形式让游客来了解土著文化。你还可以选一款实用的羊毛雪地靴，澳大利亚的羊毛靴也是世界闻名呢。

土著艺术品（迪吉里杜管）

飞去来器

土著艺术画

羊毛雪地靴

瞧，一个人正在澳大利亚的公园里晨跑，半路上突然遇到一只袋鼠和他一起跑了起来；正在户外野餐的孩子们，吃的开心时，一只野鸟也加入了进来。在澳大利亚你总能看到一些动物与人类和谐共处的场景。这里已然成了一个真正的"生态乐园"，而这要归功于澳大利亚对环境和动物的保护政策。在澳大利亚，不仅有保护动物和环境的法律，日常生活里这种意识也已经深入人心，人们已经把生存在这里的动物当成是这里的居民。所以来到澳大利亚我们也要友好对待你遇到的每一种动物。

除了陆地上的动物和环境受到保护，澳大利亚还有严格的海洋环境保护法。要知道在大堡礁一些区域，颜色靓丽的珊瑚正在褪去颜色慢慢死去，这就是珊瑚白化的现象。而美丽的珊瑚之所以白化，就是因为气候变暖和大海中的沉积物增加导致的海水温度升高，从而不再适合珊瑚的生存。大堡礁经过数万年才形成，却因为我们人类的原因而逐渐消失。还好澳大利亚政府已经开始用各种补救的办法，包括高科技手段使即将白化的珊瑚恢复当初的美丽。

小Q说

为了让全世界的人关注海洋环境，2008年的联合国大会上，决定自2009年起，每年的6月8日为"世界海洋日"。希望世界各国都能关注我们赖以生存的海洋，保护环境，保护我们的家园。

去澳大利亚玩，如果想要在大堡礁潜水看美丽的珊瑚和小鱼，或者玩一些海上项目，你需要学几句相关的英语。

Would you like to dive? Yes,I`d like to dive.	你想潜水吗？ 我想。
May I help you? I'd like to rent a diving outfit.	请问你需要些什么？ 我想租一套潜水装备。
What kind of water sports do you like? I like surfing.	你喜欢什么水上项目？ 我喜欢冲浪。
I'm good at swimming.	我比较擅长游泳。
Can I learn surfing from you?	我能和你学习冲浪吗？

在澳大利亚你可以和袋鼠、考拉、企鹅等很多动物亲密接触并合影，来了解下与拍照相关的英语吧。

I would like to take a picture with Koala.	我想与考拉合影。
And how much does it cost?	大约需要多少钱？
Can security be guaranteed?	安全性可以保证吗？
Can we take pictures here?	我们可以在这里拍照吗？
Thank you for your service.	谢谢你的服务。

动动脑，动动手

小朋友，澳大利亚的蓝色海洋之旅已经结束了，你喜欢
这个国家么？给你印象最深刻的地方是哪里呢？

A. 梦幻世界主题公园　　B. 悉尼歌剧院
C. 菲利普岛　　　D. 海豚岛　　　E. 大堡礁
F. 春溪国家公园

你知道鲸鱼和海豚属于哪类动物吗？　A. 鱼类　　B. 哺乳动物　　C. 两栖类

小 Q 在澳大利亚看到了美丽的珊瑚、五颜六色
的海洋动物，壮观的鲸跃，还给可爱的海豚
喂食，大海犹如宝藏一样给予我们人
类如此之多。小朋友，你来说一说
我们应该怎样保护大海呢？

我喜欢画画，
走到哪里，就画
到哪里，如果你来
画澳大利亚，你
想画什么呢？

在这里画下你喜欢的澳大利亚吧！

去旅行吧！
英国科学启蒙之旅

金丽娜 刘瑜／编著　　野作插画工作室／绘

苏格兰

北爱尔兰

英格兰

威尔士

伦敦

现代教育出版社
Modern Education Press

中国图书进出口（集团）总公司
CHINA NATIONAL PUBLICATIONS IMPORT & EXPORT (GROUP) CORPORATION

一次旅行，一些发问，会在孩子心里埋下怎样的种子？

第一章 这就是英国

Hi！你好啊，我是小Q，我喜欢旅行，看不一样的风景；喜欢冒险，体验新鲜事物；我还喜欢尝试好多好吃的，每个地方的美食都别有风味！和我一起去旅行吧，去看不一样的世界！

英国是一个古老又发达的国家，世界上众多诺贝尔奖获得者都来自英国的牛津和剑桥这两所大学，现在让我们一起来了解下这个了不起的国家吧。

英国

一提到英国你最先想到什么？小Q最先想到的是：小猪佩奇、哈利·波特、福尔摩斯、007特工、大本钟、伦敦眼摩天轮。

我是哈利·波特，我是一名魔法师，我有一双绿色的眼睛，额头上有个神秘的闪电形疤痕。我在霍格沃茨魔法学校学到很多魔法。欢迎你来英国玩！

哈利·波特

我是小猪佩奇，我四岁了，我和爸爸妈妈还有弟弟住在英国。我全身都是粉色的，因为我最喜欢粉色，你喜欢什么颜色呢？

小·猪佩奇

伊丽莎白塔钟就是人们常说的"大本钟"。它矗立在美丽的泰晤士河畔。作为伦敦的标志性建筑，它已经工作了160多年了。

我是福尔摩斯，我是一个破案天才，英国最伟大的侦探，我喜欢叼着烟斗办案。不过这一切都归功于柯南·道尔，我是他小说里的主角。

伦敦眼是世界上第一个观景摩天轮，坐上它可以鸟瞰整个伦敦的美丽景色！

伦敦眼摩天轮

福尔摩斯

伊丽莎白塔钟

苏格兰

北爱尔兰

英格兰

英国在哪儿

英国的全名是"大不列颠及北爱尔兰联合王国"简称英国。它位于欧洲不列颠群岛。英国分为四部分：英格兰、苏格兰、威尔士和北爱尔兰。

威尔士

伦敦

从北京坐飞机到英国伦敦大约需要10个小时哦。

约8137公里

北京

英国大事年表

英国是在1707年建立的，到现在已经有300多岁了。如今的英国是由英格兰、威尔士、苏格兰和北爱尔兰组成，而整个英国的历史也就是由这四个区域的历史交织组成的。

- 1535年威尔士成为英格兰王国的一部分。
- 1640年全球第一次资产阶级革命在英国爆发，英国成为资产阶级革命的先驱。
- 1707年英格兰与苏格兰合并，经过七年战争获得海上霸主的地位。
- 1801年与爱尔兰合并，又多了一个伙伴！
- 19世纪上半叶，英国成为世界上第一个完成工业革命的国家，成为世界公认的"日不落帝国"。

日不落帝国万岁！！

为什么是"米字旗"

英国的国旗就像汉字中的"米"字一样，所以我们都叫它"米字旗"。而最初的国旗并不是这样的。最初英格兰和苏格兰的旗帜交叉合并得到了英国国旗。到1901年，又在其中加入北爱尔兰的旗子，才组成了如今的联合王国的米字旗。

英格兰 + 苏格兰 → 最初的联合王国国旗

英国国旗 ← 爱尔兰

谁是英国的"头儿"？

英国政体为议会制的君主立宪制。女王（国王）是国家元首，不过女王只拥有象征性的地位，在现实政治生活中主要扮演礼仪性角色，没有实际权力，只是国家的象征。拥有最高政治权力的人是英国内阁首相，负责领导政府各项事务。

英国名片

首都：伦敦
语言：英语
面积：24.41 万平方公里
主要城市：爱丁堡、利物浦、曼彻斯特、伯明翰
国花：玫瑰花

英国王宫——白金汉宫

白金汉宫是英国君主位于伦敦的主要寝宫及办公处。从 1837 年，维多利亚女王迁居在此后，白金汉宫就正式被当成英国王室的府邸，此后白金汉宫一直是英国女王召见首相、大臣，举行国家庆典，接待和宴请外宾及其他重要活动的地点。现在白金汉宫的主人是女王伊丽莎白二世，她于 1952 即位，是目前英国历史上在位时间最长的君主。

我已经 94 岁啦！我是目前英国在位时间最长的君主。

伊丽莎白二世

白金汉宫

有趣的节日

四个国庆节

什么？！英国有四个国庆节？

是的！别忘了，英国是由英格兰、苏格兰、威尔士和北爱尔兰四部分组成的一个联合王国，所以他们有四个国庆节。

3月1日
威尔士的圣大卫节

3月17日
北爱尔兰的圣帕特里克节

11月30日
苏格兰的圣安德鲁节

4月23日
英格兰的圣乔治节

耶！圣诞节到啦！

英国每年最隆重的节日还是圣诞节，就像春节在中国的地位一样。每年10月中旬英国各地卖场的橱窗就开始装饰了。11月，家家户户开始做圣诞布丁，这是一种圣诞夜吃的糕点。它需要浸泡一个月才能有最好的口感！

随后，圣诞节开始进入倒计时。据说，在12月24日夜里圣诞老人就会现身哦。当12月25日夜幕降临时，和全家人一同享用圣诞大餐的时间就到了，也就是英国人的"年夜饭"。圣诞大餐的主角是烤火鸡，主要的配菜是烤土豆或胡萝卜，还有球形甘蓝。搭配的饮品是热红酒或蛋奶酒。最后登场的就是传统甜点：圣诞布丁和甜果派。丰盛的圣诞大餐为团聚时刻增添了更多的欢乐气氛。

"不给糖就捣蛋"的万圣节

万圣节也是西方的传统节日，在每年的11月1日。就像农历七月十五是中国的鬼节一样，万圣节是西方人的鬼节。

万圣节前夜是最热闹的时候，也是小朋友最开心的时刻。大家穿戴起各种各样稀奇古怪的服装和面具，提着南瓜灯，拿着小提篮挨家挨户敲门要糖果。孩子们会开心地边敲门边喊：Trick or treat（不给糖就捣蛋）。这时候，主人们都会把糖果乖乖地放进孩子们的篮子里。

去要糖果咯！不给糖就捣蛋！

小Q说：南瓜灯的由来

南瓜灯起源于古代爱尔兰。传说有一个叫杰克的酒鬼，因为他为人吝啬，而且欠债不还，所以在他死后不能去天堂；同时他又喜欢搞恶作剧，总是取笑魔鬼，所以地狱也不要他，他就只能晚上提着用萝卜雕刻的灯笼在人间四处游荡。后来，杰克的萝卜灯笼就演变成了更容易雕刻的南瓜灯啦！

大不列颠特色

世界闻名的卫兵换岗仪式

白金汉宫的卫兵换岗仪式可以说是代表英国"皇室文化"的一个特色节目，它是世界上最著名的换岗仪式之一。鲜红的制服，高高的熊皮帽，显示出皇家卫队的威风和气势。

虽然皇家卫队戴的是人造皮草的熊皮帽子，但是夏天戴着它，也太热了吧！

神秘的巨石阵

英国"巨石阵"是世界上最壮观的巨石文物之一，但它的来历一直是个未解之谜。这个神秘的巨石阵坐落在英国的历史古城索尔兹伯里平原上，巨石阵的主体由几十块巨大的石柱组成，石柱排成几个完整的同心圆。据说已经有上千年的历史，但它们到底是用来做什么的没人知道。有人推测说，巨石阵很可能是外星人光临地球的秘密基地，因为有人拍摄到有不明飞行物从巨石阵上空飞过。但是除此之外，还有多种说法，直到现在也没有一个准确的答案。

外星人来自哪里呢？

不只是电话亭的红色电话亭

走在伦敦街头，你一定会注意到一些醒目的红色电话亭。早在1926年伦敦就已经有这种电话亭了，如今成了英伦风格的象征，代表着一种英式情怀。你可能会想，现在都是手机时代，谁还会用电话亭里的电话呀。其实有些电话亭可能被改造成了一间迷你咖啡馆，或者是一个小小的社区图书馆，又或者是一个手机维修店……它们的用途可能还有很多很多，想一想你会把电话亭用来做什么呢？

好饿！来个英式下午茶吧

170多年前英国开始出现下午茶，不过下午茶并非只是喝茶，而是一顿简餐。传统的英式下午茶餐点包括精致的三明治、司康、蛋糕和布丁等，口味有咸也有甜，咖啡和茶也都搭配了奶和糖。如今的下午茶内容更加随意，但也更丰富漂亮了。

哇！这里是大侦探福尔摩斯的家

即使你还没看过《福尔摩斯探案集》这本书，你也一定会看有关福尔摩斯探案的影视作品。因为大侦探福尔摩斯的那些精彩绝伦的破案故事太吸引人了，无法让人忽视。正因如此，那些"福尔摩斯迷"来到伦敦后，都会到小说里福尔摩斯的住所贝克街 (Baker St)221b 号去看看。现实世界里，这里就是一座福尔摩斯博物馆。里面的结构布置和小说里福尔摩斯的家完全一样，有书房、卧室，还有福尔摩斯做化学实验的地方。而且，你真的可以看到福尔摩斯和他的搭档华生，不过是逼真的蜡像哦。

和福尔摩斯的蜡像合张影吧

福尔摩斯博物馆

第二章 小Q带你游英国

来到英国，小Q不仅要去乘坐伦敦眼、玩乐高主题乐园、逛美丽的爱丁堡，还要去牛津和剑桥这两所世界顶尖学府参观，小Q崇拜的科学家霍金就曾在剑桥读书、工作和生活过。

现在我们就一起开启激动人心的英伦之旅吧。

伦敦：一个大型游乐场

如果你是第一次来到英国，那就先从首都伦敦开始逛吧。这里就像一个超级游乐场，有千禧摩天轮、欧洲最大的水族馆、世界第二个乐高乐园，还有令人大开眼界的大英博物馆哦！

坐上"大眼睛"看伦敦

"伦敦眼"是一座巨大的观景摩天轮，它是英国政府为了庆祝公元2000年（千禧年）的到来而兴建的，所以又叫"千禧摩天轮"。伦敦眼坐落在泰晤士河畔，总高度为135米，差不多相当于27只成年的长颈鹿叠加起来那么高。"伦敦眼"旋转一圈需要30分钟。当你乘坐的座舱升到制高点时，就可以鸟瞰整个伦敦全景。而到了晚上，伦敦眼的每个座舱灯全部亮起时，整个摩天轮会立刻幻化成一个巨大的蓝色光环，美丽又梦幻。

按计划"伦敦眼"本该在2000年的1月1日面向公众开放，但是它却推迟到3月份才正式开放。因为期间出现了一个技术上的问题——随着摩天轮的转动座舱也会来个360度的大旋转。因为要解决这个问题，所以推迟了两个月才开放。

HELLO!

1、2、3、4……26、27，哇，摩天轮的高度相当于27只成年长颈鹿那么高呢！

有趣的水生生物馆：伦敦水族馆

　　伦敦水族馆是一个很大的水生生物展览馆，这里不仅有五颜六色的小丑鱼、梦幻的水母、可爱的企鹅和各种大鲨鱼等这些海洋生物，还有淡水溪流、红树林以及雨林等14个展区。如此细致的分区在全世界的水族馆中都是数一数二的，这可以让小朋友更直观、系统地认识地球、了解地球。

　　除了观赏，这里还有很多新奇的体验项目。比如你可以在水下隧道同鲨鱼一同漫步，可以亲自给可爱的小海龟喂食等。

小Q说

　　水族馆会不定期举办一些有趣的主题活动，比如幕后参观之旅。你可以跟着工作人员到工作区去看一看他们平时是怎么照顾这些小动物的，饲养员怎么给它们喂食的。

作为世界四大博物馆之一的大英博物馆，它对好学求知的游人可是免费开放的哦。

刘易斯人形象棋

大英博物馆里的 "微表情"

大英博物馆是世界上历史最悠久、规模最宏伟的国立博物馆，你可以在里面看到来自世界各地的宝贝，包括古代艺术品、图书、文物等很多珍贵的收藏品。

大英博物馆因为太大，收藏的藏品太多，可能逛三天都看不完。不过小Q在博物馆里看到了一件藏品印象很是深刻，就是 "刘易斯人形象棋"！这可不是普通的国际象棋，它们是从苏格兰刘易斯岛的一个地方被发现的，由海象牙雕刻而成。这些人形象棋的脸部表情有的严肃、有的惊恐、有的看上去还有点搞笑。这些象棋被发现时是埋藏在一处地下沙丘石室，但是究竟是谁雕刻的，至今仍是未解之谜。

世界第二大乐高主题乐园——温莎乐高乐园

你一定喜欢去游乐园玩，英国的温莎乐园除了有海盗船、小火车、漂流艇这些寻常的游乐设施外，最吸引人的就是用上千万块乐高积木搭建而成的迷你城市街景，包括伦敦塔、大本钟、白金汉宫，而高楼大厦、餐厅、学校、赛车场也应有尽有，而且各种人物、动物包括恐龙形象也随处可见。如果你是不折不扣的"乐高迷"，或者喜欢玩积木，那温莎乐高乐园一定会让你惊喜连连。

作为全世界第二家乐高主题公园，乐高旗舰店自然是标配，里面款式齐全、琳琅满目，无论是经典款还是最新款，你都能在这儿找到。

小Q说

你知道吗？世界上第一款乐高玩具是在丹麦诞生的，第一家乐高主题公园自然也建在丹麦。

牛津：古老的大学城

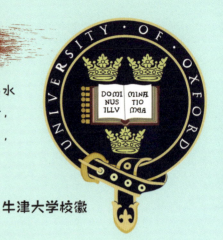

牛津是一座具有上千年历史的古城，据说是古代牛车涉水而过的地方，所以取名牛津（Oxford）。不过现在一提到牛津，大家都会想到牛津大学。因为对于牛津来说，学校就是城市，城市就是校园。

牛津大学校徽

世界顶尖学府——牛津大学

牛津大学没有校门和围墙，三十多所学院的建筑散落在古城的街头，古朴又庄重，让整个牛津城充满了文化感和历史感。

牛津大学早在1167年就已创办成立，而其中大多数的学院都是在13世纪到16世纪期间创办的。在过去的几百年中，这座大学为全世界培育出了许多杰出人物，有哲学家、大文豪、科学家，很多国家的领导人和商业领袖也都来自这里。如果将来你能来这里上学，你就成了这些伟人的校友啦！哇，是不是倍感荣耀呢！

牛津大学校园建筑

爱丽丝小·店里能遇到会说话的兔子先生吗？

你看过《爱丽丝梦游仙境》吗？这个故事就诞生在牛津大学城里，而且这里还有一家爱丽丝小店，里面出售的都是有关这个故事的周边纪念品。比如兔子先生用的纯银餐具·镀金的怀表，还有印着故事情节的珐琅水壶等等。不知道在这里能否遇到那只揣着怀表会说话的兔子先生呢？

小·Q说

爱丽丝小店的二楼据说就是《爱丽丝梦游仙境》的作者刘易斯·卡罗尔的故居。他在牛津大学基督教会学院做数学老师，是的，一位数学老师写出了一部举世闻名的儿童文学故事！是不是很酷！

哈利·波特还在这里上课吗？

还记得电影《哈利·波特》里魔法师们吃饭聚会的神奇餐厅吗？就是在牛津大学基督教会学院的食堂拍摄取景的。还有哈利上变形课·魔药课·魔法史的教室就是在牛津大学的博得利图书馆哟。小Q真希望在这里遇上哈利，让他带着我去那个魔法世界。

剑桥：另一座古老的大学城

其实一提到牛津我们就总会想到剑桥，因为剑桥与近邻牛津一样，也是一座令人神往的大学城。剑桥（Cambridge）的原意是指"剑河上的桥"，剑河是剑桥城中一条环城河流，这条曲折蜿蜒的河上架设着很多设计精巧、造型美观的桥梁。来剑桥一定要坐船撑篙游览，漂流于剑河之上饱览两岸风光。

自然科学的摇篮——剑桥大学

剑桥大学同牛津大学一样有着800多年的历史，以卓越的自然科学成就闻名于世，牛顿、霍金、达尔文这样的科学大师都来自这里，还有88位诺贝尔奖得主也出自剑桥，所以剑桥被人们称为"自然科学的摇篮"。

剑桥大学校徽

虽然我没见过外星人，但在地球之外一定有外星人存在。

斯蒂芬·威廉·霍金的传奇与伟大

霍金是剑桥大学的物理学教授，是现代最伟大的物理学家之一。他在宇宙学领域里做出了卓越的贡献。然而，天妒英才，年轻的霍金在剑桥大学读博士时就发现自己的身体得了一种怪病，只有几个手指能活动，可即使这样，霍金依然继续对宇宙的探索和研究，并取得了卓越的研究成果。他一直鼓励大家要保持一颗好奇的心，不要停止对宇宙的思考和探索。2018 年 76 岁的霍金去世，全世界的人都悼念他，有人说，霍金只是去另一个星球上探索宇宙了。

牛津与剑桥的百年赛艇对决

几百年来，剑桥和牛津两校虽然一直是激烈的竞争关系，但他们彼此互相尊重。一百多年前一对分别进入这两所名校的好友突发奇想，既然牛津和剑桥在学术教育上互不服输，而且都位于河畔，不如举行一次划船对抗赛来较量一番。于是他们约定每年的复活节期间在泰晤士河进行划船比赛。截至 2017 年的 152 届比赛中，剑桥一共赢了 78 次，而牛津赢了 73 次。

我最崇拜科学家霍金了，他知道很多很多宇宙的秘密，他就是在剑桥上学、工作和生活的。

童话般的古城——爱丁堡

爱丁堡是英国的著名的文化古城，也是苏格兰首府，它有着悠久的历史，许多历史建筑都完好地保存了下来。这里有爱丁堡城堡、荷里路德宫、圣吉尔斯大教堂等名胜古迹。1995年整座爱丁堡城还被联合国教科文组织列为了世界遗产。

虽然爱丁堡不像伦敦那么大，但它有独特的文化与历史，你只需徒步便可以前往市中心及其他主要景点。在这座城市里到处都能感受到浓浓的苏格兰风情，天气好的话你还能听到悠扬的苏格兰风笛声缭绕在街头，那是有艺术家在街头演奏。

穿了苏格兰服饰的小·Q

最古老的城堡——爱丁堡

爱丁堡城堡是英国最古老的城堡，它曾经历多次战火的洗礼，因此显得沧桑而厚重。在历史上，这里曾经住过王子与公主，是苏格兰的皇室城堡，也曾是战争时期的军事要塞和堡垒，有着很重要的作用。

整座城堡耸立在一座死火山的山顶上，一面斜坡，三面悬崖，不管你在爱丁堡市的哪个角落，你都可以看到它。如今爱丁堡城堡里一些宫殿已改成了博物馆，里面收藏了很多宝物，非常值得一看。

皇家一英里大道

　　在爱丁堡有一条著名的街道最能体现古城韵味，那就是皇家一英里大道。这条大道连接了爱丁堡城堡与荷里路德宫（皇室住所）。道路两旁有中世纪教堂和一些皇家建筑，气势宏伟且雕刻精美。很多好玩有趣的商店都藏在这些建筑里，有威士忌体验中心、儿童博物馆，以及很多特色的礼品小店等。而到了爱丁堡国际艺术节时，这条街道会聚集来自世界各地的艺术家，热闹极了，走上几步就能遇到各种不同的艺术表演者在表演。

艺术家们在街头表演

J.K. 罗琳就是在这里写出《哈利·波特》的。

大象咖啡馆——哈利·波特在这里"诞生"

如果你喜欢看《哈利·波特》，是个"小哈迷"，那你一定要去大象咖啡馆看一看。据说哈利·波特就是从这里"诞生"的，J.K. 罗琳就是在这家咖啡馆完成了《哈利·波特》系列的早期作品。

大象咖啡馆就在爱丁堡古城区，其实只要在爱丁堡街头看到那些教堂或宫殿的模样就会有种置身哈利·波特电影中的魔幻感了。起初这家咖啡馆是为了宣传保护大象而命名的，店里有很多大象的模型和玩偶，如今已然成了"哈迷"们的朝圣地，所以也被称为魔法咖啡馆。咖啡馆里挂着 J.K. 罗琳在这里写作《哈利·波特》时的照片，在她写作用的那张桌的抽屉里全是来自世界各地的读者写给罗琳的信。

大象咖啡馆

第三章 让你的旅行更完美

　　小朋友你是不是已经迫不及待地想去英国旅行啦？在去之前你可以先了解一些下面的这些常识，和爸爸妈妈一起做个攻略，让你的旅行更加完美。

小旅行家做功课！

认识英国货币

在英国消费用人民币肯定是行不通的，英国的流通货币是英镑和便士，1英镑等于100便士。你要提醒爸爸妈妈在出国前要先去银行兑换一些小面额的货币以方便使用。包括：5、10、20和50面额的英镑。

5 英镑

10 英镑

20 英镑

英国的春夏秋冬

英国的气候很温和，冬天不会太冷，夏天也不会酷热难耐，一年四季都有好天气。春天阳光明媚但有时会有阴雨天，这时候去记得带雨具哟。夏天虽然晴热但傍晚都还算凉爽。秋天的温度一般都十几度，也是很舒服。冬天比较寒冷，一般在1~5℃之间。

倒时差

英国要比我们的北京时间晚8个小时。比如现在是北京时间下午4点，英国的伦敦却是这一天早上的8点钟，所以你要做好倒时差的准备。

北京时间

伦敦时间

在伦敦和周边玩儿，最好的方式就是乘坐公共交通工具。那里的公共交通非常方便，尤其是地铁和轻轨。如果想去附近的一些岛屿玩儿，可以乘坐轮渡或舒适的长途巴士车。

小Q说

到了伦敦你可以建议爸爸妈妈办一张交通卡，乘坐部分线路的地铁、巴士和码头区轻轨都可以使用它。成人用这张交通卡可以带一名11岁以下的儿童，儿童是免费乘坐的哟。

我想要个纪念品

去英国旅行你可能想买一些带英国特色的纪念品，看看这些小东西，会是不错的选择哟。

伦顿巴士模型

乐高玩具

苏格兰儿童风笛

泰迪熊玩偶

吃西餐，有礼仪

英国人吃饭时，餐桌上都会摆着刀和叉，这就是他们平时使用的餐具。他们不用筷子吃饭，而是左手拿叉，右手拿刀，双手并用。其实，吃西餐使用的都是刀和叉，在吃饭的过程中，不要让刀叉发出乒乒乓乓的声音，就好像刀叉在打架一样，这样做会影响他人用餐。如果不需用刀叉时就放在自己餐盘的两边就可以了。看看下面两个正在吃西餐的小朋友谁做的对，谁做的不好？

在餐厅用餐时，吃东西不要发出"吧唧吧唧"的声音，那是不得体的。其实我们在家里也一样要养成闭着嘴吃饭的好习惯。吃饭时可以聊天，但不要边嚼着食物边说话，一定要将食物吞咽下去后再开口说话。

如果正餐里有鸡腿，英国人不会用手直接拿起鸡腿啃，他们会先用刀将肉从骨头上去掉，然后用叉子叉着肉吃。我们到了英国也要入乡随俗哦。

小Q说

西餐上菜不是一起上，而是按照顺序，吃完一道菜，撤下碟子再上下一道。通常上菜顺序为：头盘、汤、副菜、主菜、沙拉、甜品。头盘有开胃沙拉或鱼子酱、鹅肝酱等；副菜包括鱼虾、蛋类或面包等；主菜一般都是红肉和禽类。

英国的公共交通很发达，乘坐地铁、巴士都很便利，如果
在英国需要问路，这些英语你可以用得上哦。

Where is the bus stop?	请问，巴士车站在哪里？
Go down this street and turn lift.	沿着这条街一直走，然后左转。
Can you tell me the way to subway?	你能告诉我地铁站怎么走？
Go straight ahead and turn right.	直走，然后右转。
How long does it take to get to the museum?	我多久才能到达博物馆？
It's about 30 minutes.	大约 30 分钟。

在英国旅行，去餐厅吃饭点餐时，
难免会跟服务生交流，你可以根据下
面几句英语灵活使用。

Would you like something to drink or eat?	你想要一些吃的或者喝的么？
I'd like to have some local especially food.	我想体验一下当地特色的美食。
What would you like to have the dessert?	你想要一些甜点么？
I want to have strawberry ice-cream.	我想要草莓冰淇淋。
Anything else?	还需要其他的么？
Thank you ,I have had enough.	谢谢，已经足够了。

动动脑，动动手

小朋友，英国之行结束了，你喜欢英国吗？
英国给你印象最深刻的是哪里？为什么呢？

A. 伦敦眼   B. 大英博物馆   C. 温莎乐高乐园

D. 牛津大学城   E. 剑桥大学城   F. 爱丁堡古城

　　小Q感触最深的是剑桥大学，不仅因为剑桥有美丽的校园和建筑，更是因为他的偶像霍金先生生前就在这里工作。小Q觉得这里的学生真幸福，可以跟随很多了不起的科学家学习，他希望自己有一天也能来这里上学。

猜猜看

　　猜猜他是谁？他在剑桥上过学，并在那里工作，他认为在地球以外一定有外星人存在，他研究了宇宙是如何诞生的。小Q超级崇拜他。你知道他是谁吗？

　　爱画画的小Q，喜欢走到哪画到哪。如果是你来画英国，你想画什么呢？是美丽的大学校园还是街头的红色巴士……

在这里画下来你喜欢的英国吧！

去旅行吧！
日本动漫文化之旅

朱思语 刘瑜／编著　　　野作插画工作室／绘

现代教育出版社
Modern Education Press

中国图书进出口（集团）总公司
CHINA NATIONAL PUBLICATIONS IMPORT & EXPORT (GROUP) CORPORATION

一次旅行，一些发问，会在孩子心里埋下怎样的种子？

第一章 这就是日本

　　Hi，你好哇，我是乌龟小Q，我喜欢旅行，看不一样的风景；喜欢冒险，体验新鲜又好玩儿的事物；我还喜欢尝试好多好吃的，因为每个地方的美食都别有风味！小朋友，你也和我一起去旅行，去看世界吧！

　　这次小Q来到了动漫王国日本，看看这里是不是也有你喜欢的动漫角色呢？

日本

日本印象

一提到日本你最先想到什么？小Q最先想到的是：机器猫哆啦A梦、宫崎骏爷爷的那些动画片、和服、寿司，还有富士山。

我叫哆啦A梦，是一个机器猫，来自22世纪，我肚子前有一个神奇的口袋，里面装着能解决各种问题的工具。但是我无法解决我最怕老鼠这件事！

哆啦A梦

和服是日本的传统民族服饰，已经有上千年的历史。每当有重要的活动和传统节日时日本人就会穿上和服。

和服

富士山

日本第一高峰是富士山，海拔3776米高，它是日本民族的象征，被日本人称为"圣岳"。瞧，它的形状像不像一把倒挂的扇子？

宫崎骏爷爷

瞧，多可爱的龙猫！它就是宫崎骏爷爷画的。宫崎骏是一名动画师，画过很多漫画，并把一些漫画导成了动画电影，比如《龙猫》《千与千寻》《天空之城》等，很多作品还获得了世界大奖呢！

寿司

哇——好吃的寿司！寿司是极具日本特色的食物，是用大米和海鲜做成的一种饭团，种类繁多，有手握寿司、卷寿司、军舰寿司、箱寿司等，每一种都好吃又好看！

北京

约2000公里

东京

天呐！日本地图上这么多小岛我都数不清了。

日本在哪儿

日本国简称"日本"，意为"日出之国"，位于东亚，由北海道、本州、四国、九州四个大岛，以及7200多个小岛组成，因此也被称为"千岛之国"。日本离我们中国很近，从北京坐飞机到日本东京只需要3多个小时哦。

日本大事年表

从公元前 660 年日本第一代天皇——神武天皇建国即位开始，整个日本历史都充满了冲突和战争。如今日本已经发展为一个高度发达的资本主义国家。而另一方面，日本由于处在地球不同地壳板块交界处，经常发生地震，所以说日本也是一个多灾多难的民族。

- 公元 646 年，孝德天皇颁布《改新诏书》，日本进入封建社会。
- 1868 年，明治天皇进行"明治维新"改革运动，日本走上资本主义的道路。
- 1941 年，日本偷袭美国珍珠港，太平洋战争爆发。
- 1945 年，美国在日本投放了两颗原子弹，日本宣布无条件投降，第二次世界大战结束。
- 2011 年日本北部大地震，引发了海啸，并造成严重的福岛核电站事故。

为什么是"太阳旗"

日本人认为自己的国家是由太阳神创造，所以日本以太阳形的图案为国旗，称为"太阳旗"。国旗上面红色的实心圆代表着"太阳"，白色的底色则象征着一片纯洁、忠诚。

日本国旗

谁是日本的"头儿"？

在日本，天皇没有政治实权，是国民的精神领袖，并不直接管理国家事务。天皇的主要职责是召集国会，出席礼仪性外交事务活动和国家仪典等。日本的最高行政机关是内阁，由内阁总理大臣即首相，和分管各省厅的大臣组成。首相由国会提名，天皇任命，首相是日本最高行政首脑，负责领导政府各项活动。

日本名片

首都： 东京
语言： 日语
面积： 37.78万平方公里
主要城市： 京都、大阪、北海道、札幌、横滨、神户、福冈
国花： 樱花

神秘的皇居

皇居是日本天皇居住的地方，有着浓郁的日式古典建筑风格。皇居位于繁华的东京市内，游客参观一般是游览皇居的外围。隔着护城河我们可以看到皇居的白墙黛瓦，在郁郁葱葱的松树映衬下显得优雅而宁静。

有趣的节日

女孩节和男孩节

我们都知道6月1日是国际儿童节，这一天属于所有小朋友的节日。有趣的是在日本，还有专属女孩儿们过的"女孩节"和男孩儿们过的"男孩节"。

日本人把小姑娘天真烂漫的笑脸视若桃花，所以把3月3日定为"女孩节"，又叫"桃花节"。这一天，有女儿的家里会制作散寿司，家里所有成员聚集在一起来庆祝，祝福女儿健康平安。同时家里会陈设漂亮的人偶娃娃和摆放桃花以表祝福。这个习俗在日本已经有数百年的历史了呢。

穿和服的人偶娃娃

与"女孩节"相对应的是5月5日的日本"男孩节"。不过如今这一天已经成了男孩、女孩都能收到祝福的儿童节。在这一天，人们会制作艳丽的鲤鱼旗高悬于屋外的长杆上，迎风飘扬。日本人认为鲤鱼象征着勇猛顽强，同时能带来好运，这是源自我们中国的"鲤鱼跳龙门"的说法。人们希望五颜六色的鲤鱼旗在空中飘扬，能引起上天的注意，让上天保佑自己的孩子健康成长。

瞧，这就是鲤鱼旗。它是用布、绸或纸做的空心鲤鱼形状的旗子。

鲤鱼旗

最美樱花节

哇！这么一大片的樱花林也太美了吧！在樱花盛开的季节，日本的街头和公园到处都是粉色和白色的樱花，到处都弥漫着花香。而去日本赏樱已经成了很多人的旅行目标之一。日本的樱花节很出名，每年2~5月，由南往北，樱花依次盛开。尤其是富士山下樱花盛开时，来这里看樱花的人数以万计。当地人会在阳光明媚的天气里约上几个亲朋好友一起在樱花树下席地而坐，赏樱、野餐、聊天，微风吹过时，粉色的花瓣雨带着淡淡的花香飘落，落英缤纷，美不胜收！

小Q说

櫻花是日本国花，日本人民认为樱花具有高雅、刚劲、质朴和独立的精神。他们把樱花作为勤劳、勇敢、智慧的象征。这就是日本人的樱花情结。

日本独有的特色

哇！这些食物也太好看了！作为世界美食的一员，日本料理以"鲜"闻名，清淡而少油腻，保持原料固有的味道及特性，同时又很注重色、形、味的讲究。其中最典型的代表就是寿司、刺身和天妇罗。

我是基围虾

我是夏贝贝

我是三文鱼

刺身

鲜到极致——刺身 刺身就是将新鲜的深海鱼类、贝类生切成片，蘸调味料直接食用的菜品，是非常具有日本特色的一道日本菜。因为是生吃所以选料非常严格，原材料一定要新鲜、洁净、无污染。一般鱼类刺身有三文鱼、旗鱼、鲈鱼等；贝类刺身有鲍鱼、牡蛎、赤贝、北极贝等；另外海胆、龙虾、螃蟹也都可以做刺身。

简单又丰富的美味——寿司　寿司在日本已经有上千年的历史。寿司的主要材料是添加过寿司醋的白米饭，里面包裹的馅料丰富多彩，最能体现寿司的特色。寿司馅料所用的原料有海鱼、蟹肉、贝类、淡水鱼、煎蛋和时令鲜蔬等。日本人说：新鲜的寿司可以吃出幸福的味道！

寿司

小Q说

寿司看起来是一个简单的小饭团，但实则处处体现了制作者的匠心精神。一流的寿司制作师傅除了在意食材的新鲜，还会关注米饭的火候和温度；甚至在用手捏握寿司的过程中，还要考虑手的温度。

哇！这么多种天妇罗，我该先吃哪一种？

油炸一切——天妇罗
在日本菜中，用面糊炸的菜统称天妇罗。将新鲜的食材裹上一层薄薄的面糊，经过油炸一下，既保留原材料的味道，又有油炸的香味，而且不油腻。制作天妇罗的材料会根据季节来选择。通常天妇罗一般有海鲜类天妇罗、蔬菜类天妇罗，还有些其他天妇罗，如豆腐、馒头等。作为日本的名菜，天妇罗既可当作小食吃，又可作为正式的菜肴。

世界上最灵活的胖子——相扑

天啊，那两个没穿上衣的大胖子在打架吗？哈哈，人家可不是在打架，他们在进行相扑比赛。什么是相扑呢？相扑运动是一种流行于日本的摔跤运动。相扑运动最大的一个特色就是相扑选手大部分都在300斤以上，一流的相扑手往往有着巨大的梨状躯体。为了保持体重和力量，他们必须每天吃大量的食物，同时又做一些非常激烈的健身运动。比赛时，两名大力士裸露上身，互相角力。比赛规则是：其中一方使对方身体除两脚外的任何一部分着地，或使对方身体任何部分触及界外地面时则为胜利。相扑比赛通常在几十秒甚至几秒内就能结束，因为巨人相撞，胜负就在发力的那一瞬间，所以观看起来特别刺激！

小 Q 说

在日本，相扑运动被奉为日本的国粹，是一种高雅的运动。而相扑选手是很受尊敬的，他们要具备纯真、热心、胸怀宽广的素质，以及诚实、果敢、谦虚的修养。

加油！

动漫王国

你喜欢看动画片或漫画吗?说起动漫,那非日本莫属了!不夸张地说,全世界的人都在看日本动漫。可以说日本动漫是全世界动漫文化的领军人。而动漫在日本也是一条重要的产业链,有着千千万万的主题,比如美少女类、机器人类、悬疑推理类、战斗冒险类、超能力类等等。很多动漫形象你的爸爸妈妈可能也都很熟悉呢。看看这些动漫角色,你认识他们吗?他们每个人都有自己的超能力呢。告诉小Q你最喜欢的日本动漫角色是谁吧。

《美少女战士》
里的女主角水冰月

我是在地球上成长的赛亚人!

《七龙珠》
里的孙悟空

燃烧吧!黄金小宇宙!

《圣斗士星矢》
里的黄金圣斗士

真相永远只有一个!

《名侦探柯南》
里的江户川柯南

温泉王国

温泉是泉水的一种，是从地下自然涌出的天然泉水，泉口冒出的水温显著地高于当地的年平均气温。同时，温泉含有对人体健康有益的微量元素的矿物质。

日本有"温泉王国"的美称，从北到南大约有2600多座温泉。日本的温泉不仅数量多、种类多，而且泉水质量也很高。对日本人来说泡温泉已经成了生活中必不可少的一部分。日本人真是会享受啊，要知道泡温泉不仅对健康有益，还可以让人全身心放松，非常舒服呢！瞧，正在泡温泉的小Q多开心啊！

小·Q有问题

为什么日本会有那么多的温泉呢？

日本处在地壳运动频繁的板块上，特殊的地理位置造就了日本星罗棋布的温泉。所以日本温泉有着悠久的历史，时至今日，温泉旅馆已经成了日本的一大旅游特色，各地温泉度假村林立。一到节假日，除了本地居民来泡温泉放松，很多游客也都慕名而来。

第二章 小Q带你游日本

日本是世界上创作动漫角色最多的国家，龙猫、哆啦A梦、美少女战士、海贼王……这些动漫形象早已闻名世界。在日本很多主题乐园和博物馆也都与动漫主题有关。现在就和小Q一起开始动漫文化之旅吧！

东京动漫行

东京是日本的首都，是一个国际化大都市。作为动漫王国的首都，这里有各种与动漫相关的主题乐园、美术馆与博物馆。现在就和小Q一起走入这个动漫王国吧。

迪士尼乐园——去动画片里玩耍吧

看！这座城堡是不是在哪里见过？没错，就是你在迪士尼动画片里经常看到的那座城堡。这里就是现实版的迪士尼乐园啦！世界上第一座迪士尼乐园建在美国，是由美国动画大师华特·迪士尼创办的，米老鼠、唐老鸭等很多经典的动画形象就是迪士尼先生和他的伙伴们创造的。而迪士尼乐园将很多动画片和动画电影里的角色聚到了一起，在这里你一定能遇到你喜欢的角色。全世界一共有6家迪士尼乐园，中国也有上海迪士尼和香港迪士尼两家乐园，但每座迪士尼城堡里都有着不一样的精彩。东京迪士尼更是被誉为"亚洲第一乐园"，因为有着"动漫王国"之称的日本，本身就创造了很多经典动漫角色，所以这里又有着独特的日本风格。

宫崎骏的吉卜力美术馆

唔，那亭子里不是龙猫吗？看到龙猫就到了吉卜力美术馆了，它也被称作吉卜力博物馆，馆主就是动画大师宫崎骏爷爷。宫崎骏在他原来的工作室基础上根据他创作的那些动画情景亲自设计了这个美术馆供游人参观，于是，这里就成了全世界的宫崎骏动画迷心驰神往的地方。你会在这里看到《魔女宅急便》里的黑猫、红猪先生，还能看到《天空之城》里的大机器人，最棒的是你还可以坐一坐《龙猫》里那只神奇的毛茸茸的猫型巴士。

吉卜力美术馆就像一座未知的城堡，在这里参观没有既定路线，你可以任意探索，说不定在某个拐角处，或者推开一扇门，你就会遇见惊喜。这里有土星剧院，专门播放外面看不到的吉卜力动画短片。还有好看的画册和童书阅览室，所有藏书都由美术馆精心选择。

这里还展示了宫崎骏爷爷工作时的场景。到处都是画稿和厚厚的参考书，要知道动画师们为了让一个几秒钟的镜头看起来更准确真实，连画面上一个瓶子的倾斜角度都会详细计算。

小Q说

看了宫崎骏爷爷的工作桌才知道，原来那些好看的动画片背后都是制作者们辛勤付出的结果呢。

去东京塔找海贼王

东京塔是东京地标性建筑物，它是模仿巴黎埃菲尔铁塔建造的红白色铁塔，但比埃菲尔铁塔还要高些。站在东京铁塔250米高的瞭望台上可以把整个东京一览无余。天气好的话，远处的富士山也能尽收眼底。东京塔在白天和晚上看起来可是截然不同呢。到了晚上，整个塔身都会亮起闪闪的彩灯，漂亮极了。

东京塔

我是要成为海贼王的男人！

路飞

不过最吸引小朋友的还是建在东京塔里的"海贼王主题乐园"。《海贼王》又叫《航海王》，是世界上发行量最高的单一作者创作的系列漫画，可见《海贼王》在全世界有多受欢迎。在主题乐园里，你不仅能看到《海贼王》里的一些场景和人物，还能参与各种角色的互动游戏，观看活力四射的海贼王主题表演秀。如果你和你的爸爸妈妈是海贼迷，这里一定不能错过哦！

日本第一公园——上野公园

来到日本一定要看一场樱花，去哪里看呢？自然是日本最大的上野公园。这里有樱花大道，每年春季就成了一片樱花海洋，风过之处，落樱雨下，美丽又壮观。不仅能看樱花，这里还有一个大型牡丹园，里面种植了3000多株牡丹。这是1980年建成的中日友好的纪念园林。

在上野公园除了看花，还可以看到很多动物。园内最大的湖泊不忍池栖息着各种鸟类。有野生的黑天鹅、大雁、鸳鸯、鸬鹚和野鸭等。湖畔还有一个水族馆，可以看到500多种水生动物。

而上野公园和一般公园最大的区别是这里有"文化森林"的美誉。因为这里有很多日本历史著名的古迹和博物馆，其中东京国立博物馆和国立西洋美术馆就在这里。在博物馆和美术馆里你可以看到很多日本国宝和毕加索、莫奈、罗丹等这样的大家名作。

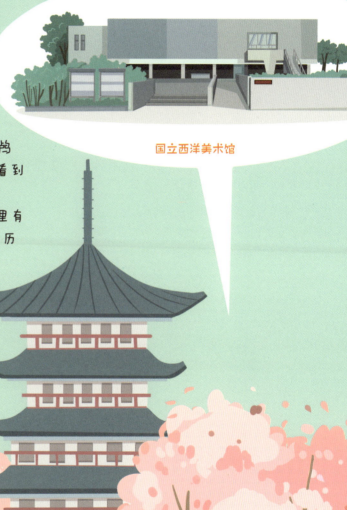

国立西洋美术馆

千年古都——京都

京都位于日本西部，是一座古色古香的城市，被称为"千年古都"，因为在1868年以前，京都作为日本的首都已有上千年的历史。这里是日本文化的重镇，拥有丰富的历史建筑、庭院，是感受日本文化的最佳去处。

最古老的寺院——清水寺

清水寺是日本的国宝建筑，也是日本最古老的寺院，供奉着千手观音，1994年还被列入了世界文化遗产名录。

清水寺是公元778年慈恩大师创建的，相传慈恩大师是唐玄奘在日本的第一个弟子呢。没错，这个唐玄奘就是你看的《西游记》里去西天取经的那个唐僧。寺院位于风景优美的音羽山半山腰上，四周绿树环抱。春天樱花盛开时，这里就成了赏樱胜地，秋季枫叶变红，又可以欣赏满山的红叶。

之所以叫清水寺，是因为寺院内有一瀑布，名为音羽瀑布，流水清冽，终年不绝，流下的清泉分为三支，据说每一支流水都有神奇的力量，分别代表长寿、智慧和健康。所以每个到这里的游客为了求得祝福都要排队喝上一口这里的清泉。

稻荷大神

壮观的千本鸟居

伏见稻荷大社是日本最美丽、香火最为旺盛的神社，这里供奉的是保佑人们生意兴隆、五谷丰登的神明。不过小Q来这里是为了看著名的千本鸟居。鸟居是日本特有的一种神社建筑，形状类似牌坊。很多日本人来这里还愿时就会建一座鸟居以感谢神明的保佑。以前这里有近千座鸟居，所以称为千本鸟居，如今这里已经有上万座了。一座座鲜红的鸟居构成了一条通往山顶的通道，绵延几公里，成为一道独特而壮观的风景。

小·Q说

在伏见稻荷大社里还能见到各式各样的狐狸石像，因为日本人将狐狸视为稻荷神的使者。

北方雪国——北海道

北海道位于日本北部，是日本除了本州以外最大的岛，四面环海。由于气候原因，整个北海道有近半年的时间被冰雪覆盖，因此它以迷人的雪景闻名于世。

札幌——好看、好玩又好吃的冰雪节！

哇！好多雪啊！这里就是以雪而著称的国际性大都会——札幌。很多大型国际盛会如冬季奥运会、冬季亚运会都曾经在札幌召开。每年冬天，在天气最冷、雪最多的 2 月第一个星期，札幌都会举办为期一周的大型冰雪节。到时会吸引两百多万人来这里参观游玩。在冰雪节期间这里就变成了一座雪上狂欢城！不仅能看到国际雪像比赛上雕刻家们创作的雪雕和冰雕作品，还能玩雪滑梯、雪迷宫、雪橇车等各种雪上游乐项目。

国际雪像比赛　在雪像比赛上，各国选手会将想象力发挥到极致，用雪或冰来塑造有本国特点的冰雕和雪雕。看！那不是樱桃小丸子吗？还有龙猫呢！哇！远处还有壮观的城堡和宫殿！从人物、动物到世界名胜，真是包罗万象，无所不有。

除了雪雕这里还有冰雕，巨大冰块雕刻出来的各种形象玲珑剔透，非常好看。尤其在晚上的灯光照耀下还会反射出梦幻的七彩光芒，美极了！

雪雕

去玩雪咯！　札幌冰雪节就是孩子们的狂欢节。这里有超长的雪滑梯，当你坐在橡皮艇里从长长的雪滑梯滑下来时，感觉就像飞起来一样！还有用厚厚的雪搭成的白色迷宫，小Q在这里转了好一会儿才找到出口。那么多的好玩儿的雪上游乐项目，让你在白色世界里玩到停不下来！

小Q说

全世界最著名的四大冰雪节包括：日本札幌冰雪节、中国哈尔滨国际冰雪节、加拿大魁北克冬季狂欢节和挪威奥斯陆滑雪节。

吃碗热乎乎的拉面吧！　在冰天雪地里玩够了，吃一碗正宗的札幌拉面吧。日本拉面其实源自我们中国，但日本人经过不断研究改良后，成为了具有日本独特风味的一种面食，风靡全世界。而札幌拉面又是日本三大拉面之一，尤其是札幌味增拉面，其味增汤料鲜美而浓厚。在寒冷的北海道喝着香喷喷的汤，吃着热乎乎的面感觉好满足呢！

旭山动物园

　　旭山动物园在北海道的最北端，是日本规模最大的极地动物园。这里有很多极地动物，比如北极熊、企鹅、海豹等等。因为面积很大，所以这里的企鹅有一大片可以散步的户外雪地，你可以看着可爱的企鹅们从你的身边摇摇摆摆地走过，哈哈这种体验可是在别的动物园体会不到呢。除此之外，动物园的每个馆都规划了让游客与动物近距离参观的设计，你还可以给动物们喂食，做一回小小饲养员。

　　对了，如果你是从札幌来这里，可以乘坐"旭山动物园号"列车，这趟列车可不一般哦。从登上列车的那一刻起，大自然探索之旅就开始了，因为车厢里到处都是动物和大自然的元素，还有毛茸茸的动物形象座椅，就连列车工作人员都穿着可爱的动物服装。"旭山动物园号"列车大概是这个世界上小朋友最喜欢坐的一趟列车了。

第三章 让你的旅行更完美

小朋友你是不是已经迫不及待地想去日本旅行啦？在去之前你可以先了解一些下面的常识，和爸爸妈妈一起做一个旅行攻略，让你的旅行更加完美。

小旅行家做功课！

认识日本货币

　　在日本旅行，消费要用日元，日元的纸币共分为10000、5000、2000、1000日元等四种面额，而硬币也有六种不同面值，分别是1、5、10、50、100、500日元。这些纸币上的人物头像分别是日本的教育家、文学家和科学家。他们都有一个共同点就是通过自己的努力改变了世界。

一千日元　　　　　　　一万日元

日本的春夏秋冬

　　日本大部分地区的气候四季分明，冬天寒冷干燥，夏天炎热多雨。去日本旅行可以选择在3~5月的春季，或9~11月的秋季，这时候气候宜人，是出行的好时候，而且景色也很漂亮。当然，如果你选择去北海道看雪玩雪，还是要在冬季去。

北京时间　　　　　　东京时间

倒时差

　　日本虽然离我们很近，但依然有时差，日本东京时间要比我们的北京时间快1个小时。比如：现在是北京时间的早上8点钟，在日本东京就是9点钟。

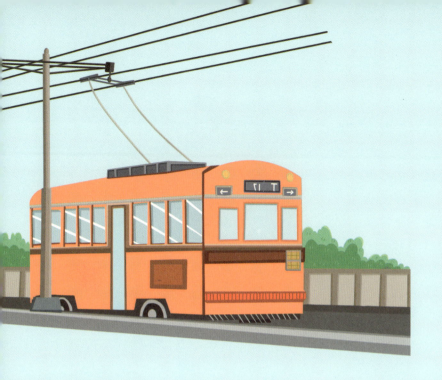

日本的交通很发达，有多种交通方式。你可以乘坐电车和地铁去到城市中的每个角落，也可以乘坐新干线列车在城市之间穿梭。日本的新干线列车就相当于我们国家的高铁、动车一样，快速而便捷。

我想要个纪念品

在旅行中看到有当地特色的好东西，自然很想买一些带回作纪念。比如：可爱的龙猫玩偶、穿着精美和服的玩偶或娃娃、充满童话感又制作精良的小樽音乐盒，还有精致又好吃的日式点心——和果子。

和果子

和服的工艺品

小樽音乐盒

龙猫玩偶

日本的鞠躬礼

来到日本你可能会经常看见两个日本人见面后会彼此鞠躬，这是日本一种传统的问候方式。日本人的等级观念很强，上级与下级、长辈与晚辈之间界限分得很清楚，有时晚辈见到长辈还要鞠躬数次以表示尊敬。

除了鞠躬，日本人还有进屋脱鞋的习惯，进到有榻榻米的房间会席地而坐。所以如果住日式酒店，一定要穿着袜子。

怎么那么干净！

走在日本的街头，你会发现到处都很干净，但垃圾桶却并不是随处可见。因为日本人都有一个习惯，出门都会随身携带专门收集垃圾的袋子，自己用过的纸巾、矿泉水瓶或果皮之类的都会装在袋子里带回家。有人说在日本的一些街道上走大半天鞋底都不怎么脏呢。

在日本回收垃圾都有固定的时间，而且垃圾分类很严格，你会在街头看到4、5个垃圾箱连着摆放，每个垃圾箱上都会用文字和图画表示垃圾类别，每个人都会严格遵守垃圾分类的规定。日本人从幼儿园起就开始教育小朋友要养成爱护环境的好习惯。我们也要向他们学习爱护我们的环境呀。

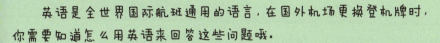 

HELLO! 旅行英语不能少

英语是全世界国际航班通用的语言，在国外机场更换登机牌时，你需要知道怎么用英语来回答这些问题哦。

May I see your ticket? Here you are.	可以看下你的机票吗？ 给您。
Do you have an e-ticket? YES,I have.	你有电子机票吗？ 是的，我有。
How many bags are you checking? 3 bags.	你有几件行李？ 3件。
Would you like a window seat or an aisle seat? I would like a window seat please.	你想要靠窗的座位还是靠过道的座位？ 我想要靠窗的座位。
Can I see your passport please? OK.Here you are.	我能看下你的护照吗？ 可以。

出门旅行要住酒店，全世界通用的英语在这里就会派上用场，学说几句入住酒店的英语很有必要哦。

Can I help you? I reserved a room for tonight.	有什么能帮您吗？ 我预定了今晚的房间。
How long will you stay in our hotel? I would like to stay for 5 nights, please.	您要在我们酒店住多久？ 我要住5晚。
Would you like breakfast in our hotel？ No,thank you.	您打算在我们酒店用早餐吗？ 不用了，谢谢。
What is the check-out time? Please check out before 11 o' clock.	退房时间是什么时候？ 请在上午11点前退房。

动动脑，动动手

🌸 小朋友，日本之行结束了，你喜欢日本吗？
日本给你印象最深刻的是哪里？

A. 迪士尼乐园　　B. 吉卜力美术馆

C. 东京塔　　　　D. 上野公园

E. 札幌冰雪节　　F. 旭山动物园

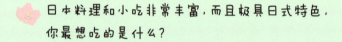

🌸 日本料理和小吃非常丰富，而且极具日式特色，
你最想吃的是什么？

A. 寿司　　B. 天妇罗　　C. 拉面　　D. 刺身

🌸 日本是一个动漫之国，有很多动漫书和动漫电影适合小朋友看，
你最喜欢哪个动漫形象呢？说一说为什么喜欢他吧。

我喜欢画画，
走到哪里，就画
到哪里，如果是你
来画日本，你想
画什么呢？

在这里画下你喜欢的日本动漫角色吧！

去旅行吧！
法国艺术启蒙之旅

李欣雨 刘瑜／编著　　野作插画工作室／绘

现代教育出版社
Modern Education Press

中国图书进出口（集团）总公司
CHINA NATIONAL PUBLICATIONS IMPORT & EXPORT (GROUP) CORPORATION

一次旅行，一些发问，会在孩子心里埋下怎样的种子？

第一章　这就是法国

　　Hi，你好哇，我是乌龟小Q，我喜欢旅行，看不一样的风景；喜欢冒险，体验新鲜又好玩儿的事物；我还喜欢尝试好多好吃的，因为每个地方的美食都别有风味！小朋友，你也和我一起去旅行，去看世界吧！

　　法国是一个充满了艺术的国度，这次我们就跟随小Q一起去体验法国的艺术魅力吧。

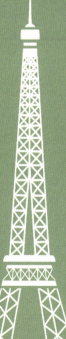

法国

一提到法国你最先想到什么？小Q最先想到的是：巴巴爸爸、拿破仑、埃菲尔铁塔、蒙娜丽莎、卢浮宫。

法国印象

蒙娜丽莎

我是一幅画，名叫蒙娜丽莎，是大名鼎鼎的天才画家达·芬奇画成的。研究艺术的人都说我具有神秘感，嗯，也许吧。

卢浮宫

这是世界四大博物馆之首的卢浮宫！位于法国巴黎。曾经这里是法国的王宫，现在是举世瞩目的艺术宝库，被称为"万宝之宫"。

埃菲尔铁塔

我是大名鼎鼎的巴黎地标——埃菲尔铁塔。我在巴黎的塞纳河旁已经站了100多年了，我有300多米高呢。大家都叫我"铁娘子"。

拿破仑

我是拿破仑，虽然我个头儿不高，但我是法兰西第一帝国的缔造者，我是一个名副其实的军事家、政治家。

巴巴爸爸一家

可里可里巴巴变——我是巴巴爸爸，这是我的妻子巴巴妈妈和7个巴巴宝宝。我可以变成飞机在天上飞、变成轮船在海里航行，或者变成房子以及各种动物。我和我的家族的故事是法国的著名漫画家40多年前创作的，不过直到现在还有很多小朋友在看我们的故事呢。

巴黎

法国在哪儿

法国的全名是法兰西共和国，是一个欧洲大国，本土位于西欧，是西欧面积最大的国家。法国的地图有点像海星，三面临着海洋，三面靠着陆地。

从北京乘坐飞机到法国巴黎大约要10个小时。

约8200公里

北京

5

法兰西共和国大事年表

法兰西共和国简称法国，在 1789 年法国大革命后，经历了五代共和国，成为世界上高度发达的资本主义国家。

法兰西第五共和国成立！

戴高乐将军

- 1789 年法国大革命爆发，结束了 1000 多年的封建统治，开始发展资本主义。
- 1804 年拿破仑称帝，建立法兰西第一帝国。
- 1848 年法国爆发"二月革命"，推翻了"七月王朝"，建立法兰西第二共和国。
- 1871 年巴黎工人阶级在人类历史上第一次推翻了资产阶级统治，建立自己的政权"巴黎公社"。
- 1958 年法国通过新宪法，第五共和国成立，戴高乐将军当选总统。

为什么是"三色旗"

国旗对于一个国家来说可是非常重要的，它是一个国家的象征，具有振奋军队与人民士气的巨大作用。法国的三色国旗就是法国大革命时期巴黎国民自卫队使用的队旗。

蓝色代表自由，白色代表平等，而红色代表了博爱，连起来构成了法国人民的共同信念"自由、平等、博爱"。

法国国旗

谁是法国的"头儿"？

　　法国是一个半总统共和制国家，总统是国家元首和军队的统帅，由选民直接选举产生，任期5年。总统有很大的权力，是国家权力的核心。政府是中央最高行政机关，政府首脑是总理，由总统任命，领导政府的活动，确保法律执行。

法国名片

首都：巴黎
语言：法语
面积：67.3万平方公里
主要城市：马赛、里昂、尼斯、蒙彼利埃、里尔
国花：鸢尾花

闻名遐迩的爱丽舍宫

　　法国总统的官邸是爱丽舍宫，是法国著名的古建筑，距今已有300多年的历史。"爱丽舍"一词源于希腊语，意为"乐土·福地"。最初这里是法国的一位伯爵贵族的私人宅第，后来历经沧桑，几易其主，拿破仑称帝后也曾入住爱丽舍宫。1873年法国颁布法令，指定爱丽舍宫为法国总统府。

有趣的节日

酸酸甜甜的柠檬狂欢节

来吧！这里有狂欢节！

法国小镇芒顿因为盛产柠檬出名，每年2月份，有趣的芒顿人为了庆祝柠檬丰收而举办柠檬狂欢节。狂欢节期间，走在芒顿小镇的街头你会看见到处都是用柠檬和柑橘垒砌成的各种形象，有风车、城堡、教堂、长颈鹿、狮子、金鱼等。每年柠檬节都会用掉多达130多吨的柠檬，那可真的遍地都是柠檬了。但是柠檬节过后，这些柠檬该怎么处理呢？其实狂欢节上使用的柠檬一般都不会有损坏，等节日结束，这些柠檬就都低价出售了。

猜猜我的脖子是什么做成的？

柠檬塑像

瞧，还有漂亮的巨型花车呢！

芒顿位于法国东南角的尽头，是个四季如春的边境小镇，法国人热情地称颂它为"法兰西的珍珠"。芒顿柠檬节迄今为止已经有85年的历史了，每年都会吸引成千上万的人来这里狂欢，很多欧洲王室的人员也会来参加呢。在这个果香四溢的节日里，每个人都很开心，参加狂欢巡游的人将纸花、彩带挥洒得漫天飞舞，到处都是欢快的音乐和歌舞。

哇！帝王节甜蜜放送啦！

每年的1月6日是法国的传统节日帝王节，在以前国王会在这一天向他的人民免费送蛋糕。如今虽然没有国王了，但人们依旧延续了吃蛋糕的习俗。有意思的是，蛋糕里面会藏着一个小小的陶瓷国王人像，谁吃到了谁这一年就会交好运。

法兰西特色

西餐之首——法式大餐

法国是世界三大烹饪王国之一，有着悠久的饮食文化。法国人将吃视为人生的一大乐事，对他们来说，美食不仅是一种享受，更是一种艺术。可能正因如此，法式大餐一直被美食界列为西餐之首。法国菜的选料新鲜而广泛，比如蜗牛、鹅肝都是法式菜肴中的美味。

另外，法国菜加工精细，做法讲究，再加上漂亮精致的摆盘，简直就是在吃一道艺术品！

这是法式焗蜗牛。哦，可怜的小蜗牛。

小Q说

法式焗蜗牛，是一道法国著名的菜肴。不过这里的蜗牛可不是我们雨后在花园里见到的小蜗牛哟。法国蜗牛是专门饲养的蜗牛，有的蜗牛比一个乒乓球还要大呢。

传说洪水将诺亚方舟冲到土耳其的安纳托利亚地区。方舟上的一只山羊将一个人引领到一块长满了野葡萄的地方，很多野葡萄已经成熟落地，经与雨水结合发酵后飘出阵阵酒香味。这个人受到启发，成为世界上第一个酿造葡萄酒的人。

名扬世界的法国葡萄酒

法国是世界著名的葡萄酒产地，其葡萄酒文化相当悠久，它不仅表现了法兰西民族对美好生活的追求，也是组成法国文明的重要部分。法国的波尔多小镇是世界上最大的葡萄酒之乡，纵横十万公顷的葡萄园上，遍布着8000多个大小不一的酒庄，所酿的葡萄酒也是各具特色。除了红葡萄酒、白葡萄酒，还有桃红葡萄酒、气泡葡萄酒等。不过对于小朋友来说我们只喝甜甜的葡萄汁就可以了，葡萄酒只有18岁成年以后才可以喝哟。

巴黎时装秀引领世界时尚

巴黎就是时尚的代名词,因为巴黎是世界时装之都。有着百年历史的巴黎时装周每年都会吸引世界各国的大明星和时尚名人去参观。在时装周期间,来自世界各地的顶级时装设计师都会通过一场一场的时装秀来展示自己的作品。此时,在T台上走秀的名模和他们身上穿的时装就成了闪光灯下的主角。

一些著名的时装品牌会在巴黎时装周上举行发布会,向人们展示自己的品牌形象,以引领新一季的时装潮流。而整个巴黎在这个时期内,自然就成为了世界关注的焦点。

小Q说

美丽的背后一定有人在努力。这些光鲜亮丽的时装可都是设计师们背后辛劳付出的结果哟。

巴黎时装秀T台

第二章 小Q带你游法国

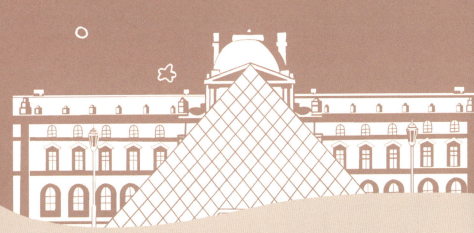

法国不仅有见证法兰西古代艺术文明的卢浮宫，还有象征现代艺术的蓬皮杜文化中心。无论是收藏在各种博物馆里的艺术珍品，还是人们日常生活里的饮食和穿着，都体现了法国人对艺术的追求和热爱。现在就和小Q一起开始法国的艺术之旅吧。

巴黎：世界艺术之都

　　巴黎（Paris）是法国首都，也是法国最大的城市，同时它也是世界艺术之都，全世界热爱艺术的人都纷纷来到这里感受艺术，寻找艺术的灵感。这里有很多大大小小的艺术博物馆，有些博物馆建筑本身就是一件艺术品哦。

去卢浮宫看蒙娜丽莎的微笑

　　卢浮宫是世界四大博物馆之首，被视为法国国家艺术宝库。它坐落在塞纳河的北岸，曾经是法国皇宫，在法国历史上有50位法国国王和王后在这里居住过。不过后来法国没有国王了，卢浮宫就成了收藏名画和珍贵的雕刻作品的博物馆。作为博物馆，卢浮宫可真大呀！里面有40余万件的珍贵藏品，我们可能花一辈子也看不完。不过去卢浮宫通常都要看三件宝贝，也就是镇馆之宝：达·芬奇的油画《蒙娜丽莎》，爱神断臂维纳斯雕像以及胜利女神雕像。

卢浮宫

这就是赫赫有名的《蒙娜丽莎》，是由500多年前意大利天才画家达·芬奇画成的。画中微笑的蒙娜丽莎代表了当时女性的典雅和恬静，达·芬奇生前很喜欢这幅画。在他去世后，法国国王从他的弟子手里买了下来，挂在卢浮宫。因为达·芬奇画得太好了，整幅画透出一种神秘感，所以全世界喜欢艺术的人都会到卢浮宫来欣赏它。

蒙娜丽莎

你能发现蒙娜丽莎和我们有什么不一样吗？她是没有眉毛的。

小Q说

卢浮宫前的金字塔形玻璃建筑，是华人建筑大师贝聿（yù）铭设计的。整个建筑都是采用玻璃材料，四个侧面由673块菱形玻璃拼组而成，可以映照出巴黎变幻的天空，还能为地下设施提供良好的采光。这座玻璃金字塔不仅是现代艺术风格的佳作，也是运用现代科学技术的独特尝试。

胜利女神是古希腊神话中的形象，名字叫奈姬，主管胜利、好运、成功。

哎呀，这座雕像怎么没有头和胳膊？她就是胜利女神像。因为在150多年前人们发现这座雕像时就只找到她的身体部分。虽然她头手残缺，但从保存完好的躯干中，仍能感悟到女神英勇、飘逸的气势。两支张开的翅膀和轻盈飞扬的衣裙，让人感到女神在空中腾飞，有着一种胜利的喜悦。

胜利女神

很多艺术家认为断臂的维纳斯不仅没有失色反而有种残缺美！

我想要我的胳膊……

这就是爱神维纳斯的雕像，是由大理石雕刻成的，大约高2.04米，面容端庄，身材曲线优美动人，相传是古希腊人雕刻的。据说这座雕像在1820年被一个希腊农民挖掘出来时还有胳膊，但由于它太美了，谁都想得到它，甚至因为争夺它还引起了战争，美丽的爱神维纳斯就在混战中失去了双臂。

维纳斯女神

钢铁巨人——埃菲尔铁塔

埃菲尔铁塔矗立在巴黎市中心的战神广场上，它是法国的象征，是闻名世界的建筑杰作，到现在它都是巴黎最高的建筑。那法国为什么要建造这样的一座塔呢？这得从1889年说起，当时为了庆祝法国革命胜利100周年，法国要举办世博会，为了给世人留下深刻印象，政府决定建造一座能代表法国荣誉的纪念碑，于是埃菲尔铁塔诞生了。现在它已经100多岁了呢。

小Q说

埃菲尔铁塔不仅仅是一件建筑艺术品，它还是可以观景的纪念塔。有三层供游人游览，每一层看到的巴黎都有不一样的美。小Q现在就在塔上呢，快来找找看吧！

凡尔赛宫

哇！这里也太大了，据说有11万平方米，足足有15个足球场那么大！

世界文化遗产——凡尔赛宫

凡尔赛宫位于巴黎郊外的凡尔赛镇，它曾经是法国国王的狩猎行宫，是世界五大宫殿之一，由于它的建筑宏伟壮丽、园林设计独一无二，以及装潢陈设极具艺术价值，而被列为《世界文化遗产名录》。

如今的凡尔赛宫已成为对外开放的博物馆，除了建筑本身具有极高的雕刻艺术水平，这里还收藏了来自于世界各地的珍贵艺术品。除此之外，凡尔赛宫的园林设计也是欧洲皇家园林的典范。园内树木花草栽植的别具匠心，景色优美恬静，令人心旷神怡。

蓬皮杜文化中心

瞧，这个设计感十足的大怪物是什么？五颜六色的钢筋铁骨、弯弯曲曲的管道、裸露在外的电梯，这就是一个大工厂吧！其实这里是"国立蓬皮杜文化中心"。在巴黎除了卢浮宫、凡尔赛宫这些代表法兰西古代文明的博物馆，还有象征现代艺术的蓬皮杜。

蓬皮杜中心是前法国总统乔治·蓬皮杜在 1969 年时倡议兴

建的一座现代艺术馆。它的建筑一反巴黎的传统风格，其外观就像一座工厂，所以人们也称为"文化工厂"。这里有设计公司、图书馆和独特的现代艺术博物馆。而且还有为 4~12 岁的小朋友设置的两个艺术儿童乐园。小

朋友可以在这里看书、画画、跳舞、演戏等。在蓬皮杜经常会举办各种艺术活动和演出，曾经备受非议的"庞大怪物"如今成了法国人喜爱的艺术先锋地带。

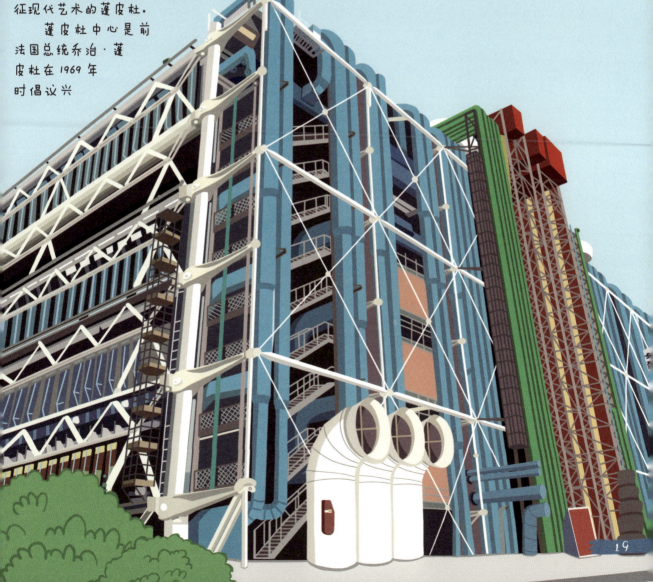

戛纳：艺术电影圣地

戛纳（Cannes）是法国南部港湾的一个小镇，是欧洲有名的旅游胜地，有着明媚的地中海沿岸风光。同时，它又是艺术电影圣地，当今世界最具影响力、最具艺术水准的电影节之一"戛纳国际电影节"每年都会在此举办。

戛纳国际电影节

戛纳国际电影节在 1946 年就创立了，现在已是全球电影界的盛事。每年 5 月中旬随着戛纳国际电影节开幕，这座海边小城就会变得星光熠熠，各地的大明星和影视界的重量级大咖都会来参加。在电影节上评委会从世界各国输送的优质影片中评选出年度最佳电影，最高奖为"金棕榈奖"，奖杯是金制的棕榈枝。金棕榈奖杯的设计灵感来源于代表戛纳本地特色的棕榈树。

小Q说

戛纳国际电影节与威尼斯国际电影节、柏林国际电影节并称为欧洲三大国际电影节，也称世界三大国际电影节。

度假天堂——尼斯

尼斯（Nice）是法国东南部一座沿海城市，是欧洲乃至全世界最具魅力的海滨度假圣地之一。这里的气候终年温暖，蔚蓝的地中海与巍峨的阿尔卑斯山是这座城市的招牌地标。尼斯的老城就像一座古堡，人们很注重保护那些古迹，我们可以在老城里看到很多17世纪的建筑。而海滨的天使湾可以说是世界上最美的海岸，它的轮廓就像天使的翅膀一样优美。

尼斯狂欢节

尼斯是一个同时拥有美丽的自然条件和古代法兰西文明的城市，充满了艺术氛围，是很多艺术家追求创作灵感的地方。毕加索、马奈、马蒂斯等很多大艺术家都曾来尼斯居住进行创作。除此之外，让尼斯声名远扬的还有一个盛大的节日——尼斯狂欢节。

尼斯狂欢节是世界三大狂欢节之一，已经有一百多年的历史。在狂欢节期间，整座城市都活力四射。有盛装艺术表演，有一流的彩车花仗，疯狂的摇滚音乐会，以及绚烂的焰火表演。每个人都可以在这里找到极致的快乐。

文化古城——里昂

里昂（Lyon），是仅次于巴黎的法国第二大城市，也是法国乃至欧洲重要的文化与艺术中心，1998年里昂老城被联合国教科文组织列为世界文化遗产。

原来这是一幅画

文化古城里昂有众多充满艺术气息的景点：白莱果广场、富维耶山、沃土广场，以及有着"小卢浮宫"美誉的里昂美术馆等。不过小Q觉得最有趣的是里昂市区内画在一栋栋建筑上的立体壁画。这些壁画有的描写里昂的历史，有的记录城市生活，形形色色的壁画，使得里昂成为了名副其实的"壁画之都"。

在里昂几百幅壁画中，最著名的是一幅画在一幢7层高的老式楼房上，足足有800平方米的壁画——《里昂人》。描绘的是24位著名里昂历史人物。

小Q说

这些壁画是谁创造的呢？里昂的壁画大多出自一个成立于1978年，名叫"创造之城"的组织，这个组织创始人是里昂美术学院的11位学生。

LA FRESQUE
DES LYONNAIS

哇哦，这里是小人国吗？小小的餐馆、小小的书店、小小的自由女神像，还有小小的恐龙……哈，这里就是国际微缩电影艺术博物馆。如果你是个不折不扣的小影迷，你会在这里看到很多熟悉的电影里的场景和道具模型，但它们都是微型版的。

电影里的超级英雄痛打大怪兽，或者邪恶坏蛋轰炸摩天楼这些镜头都是利用这些微型道具通过微缩技术拍摄成的。

小Q在这里感觉自己就是个巨人，看到平时电影里的大怪兽也不害怕了。

第三章 让你的旅行更完美

　　小朋友你是不是已经迫不及待地想去法国旅行啦？在去之前你还需要了解些下面的常识，和爸爸妈妈一起做一个攻略吧，让你的旅行更加完美。

小旅行家做功课！

认识法国货币

在法国消费用的都是欧元，大大小小的纸币从5欧元到500欧元有7种面值，而硬币更是多达八种从1分到2欧元不等。它们的尺寸和颜色各不相同，非常好分辨。出国前你一定要记得和爸爸妈妈去银行兑换，常用到的面值有10欧、20欧、50欧，或者1欧的硬币都很实用。

1 欧元硬币

10 欧元纸币

20 欧元纸币

50 欧元纸币

法国的春夏秋冬

法国的春天是最舒适的季节，此时的巴黎到处都是盛开的鲜花，非常适合旅行。夏天在6~8月，巴黎的天气会很热。到了秋天，天气会凉爽起来，街头的树叶也都变黄或变红啦！12~2月就是寒冷的冬天了，偶尔会下雨，最冷时气温会降到0度以下。

倒时差

法国要比我们的北京时间晚7个小时。比如：现在是北京时间的晚上8点钟，在法国巴黎却还是下午1点钟，所以你要做好倒时差的心理准备哦。

北京时间

巴黎时间

交通工具

在法国旅行可以选择公交车、地铁或出租车的出行方式。法国很多大城市的公交线路都很发达，价格也便宜，就像在国内一样直接投硬币买票就可以。另外，历史悠久的巴黎地铁也是出行的好选择。如果一定要打车，可以让酒店帮你约车，因为法国的出租车都是要预约的。

我想要个纪念品

去法国旅行，爸爸妈妈会买包、化妆品、葡萄酒这些成人世界里的东西，我们小朋友可以买一些有趣又有意义的纪念品，比如这些小东西会是不错的选择哟：卡通形象的手工巧克力；各种名画衍生品如马克杯和手提袋；埃菲尔铁塔模型和精美的马卡龙钥匙扣等。

手工巧克力

印有名画的马克杯和手提袋

埃菲尔铁塔模型

马卡龙钥匙扣

法国作为世界三大烹饪王国之一，用餐方面也有讲究。在餐厅吃法餐时上菜顺序有着严格的规范，吃完一道再上下一道。首先上开胃的冷菜，其次是汤类，然后是主菜，最后是甜品。

法国人爱喝酒已经是众所周知的了，而且很讲究与食物的口感搭配。他们一般习惯于饭前来一杯开胃酒疏通肠胃，佐餐时用红葡萄酒搭配肉类，白葡萄酒配以海鲜；玫瑰红葡萄酒是百搭型，蔬菜、海鲜、肉类都可以搭配。

汤

主菜

开胃冷菜

甜品

白葡萄酒配以海鲜

玫瑰红葡萄酒是百搭型

红葡萄酒搭配肉类

HELLO! 旅行英语不能少

去法国旅行怎么能错过法式大餐？如果要向酒店服务人员了解下当地好吃的餐厅，你可以像下面这样询问。

Yummy!

Is there a nice restaurant around here?	这附近有不错的餐厅吗?
How can I get there?	我要如何才能到达餐厅?
Do you know of any restaurants open now?	你知道现在哪里还有餐厅是营业的吗?
I'd like to try some local food.	我想尝试一下当地食物。
Where is the main area for restaurants?	这里餐厅多集中在哪一块?

去旅行看见有异国特色的商品难免会想买下来留作纪念，这时候就需要用到购物常用的英语了。

How much is it?	这个多少钱?
I would like to take this one.	我要买这个。
Show me that one, please.	请把那个给我看看。
Where is the cash desk?	收银台在哪里?
Can I pay by credit card?	我可不可以用信用卡付帐?

动动脑，动动手

小朋友，法国之行结束了，你喜欢法国吗？
法国给你印象最深刻的是哪里？

A. 埃菲尔铁塔　　　B. 卢浮宫　　　C. 戛纳

D.《里昂人》壁画　　E. 蓬皮杜文化中心　　F. 国际微缩电影艺术博物馆

- 猜猜他是谁？
  他是个意大利人，但他最有名的画作《蒙娜丽莎》收藏
  在法国的卢浮宫里。你知道他是谁吗？

小Q说

　　达·芬奇是人类历史上绝无仅有的全才，他学识渊博、多才多艺，除了在绘画上有显著的成就，他还在建筑、数学、解剖学、动物学等很多方面都卓有成就。他是意大利文艺复兴时期的杰出代表人物。你可以在本系列中的"意大利文艺复兴之旅"中详细了解一下这位伟大的天才。

爱画画的小Q喜欢走到哪儿画到哪儿。
如果是你来画法国，你想画什么呢？一
幢美丽的建筑？还是一幅漂亮的名画？

在这里画下你喜欢的法国吧！

去旅行吧！
美国博物馆探索之旅

袁雪 刘瑜／编著　　野作插画工作室／绘

现代教育出版社
Modern Education Press

中国图书进出口(集团)总公司
CHINA NATIONAL PUBLICATIONS IMPORT & EXPORT (GROUP) CORPORATION

一次旅行，一些发问，会在孩子心里埋下怎样的种子？

第一章 这就是美国

Hi，我是乌龟小Q，我喜欢旅行，看不一样的风景；喜欢冒险，体验新鲜又好玩儿的事物；我还喜欢尝试好吃的，因为每个地方的美食都别有风味！小朋友，你也和我一起去旅行，去看世界吧！

这一次我们去世界上最发达的国家——美国，它融合了不同种族、不同文化和信仰，让我们一起去体验它的热闹与丰富吧。

美国

美国印象

一提到美国你最先想到什么？小Q最先想到的是：
米老鼠和唐老鸭、自由女神像、变形金刚、猫和老鼠，
还有美国总统华盛顿。不知道你们是不是和我想的一样呢？

变形金刚

我是汽车人大黄蜂，我可以变形为跑车。我和我的首领擎天柱都来自赛博坦星球。我们的职责是保卫地球和平。

米老鼠和唐老鸭

Hi，我们是米老鼠和唐老鸭，我们的故事搞笑又搞怪，是迪士尼先生创造了我们。啊哦，好戏开始了……

我已经在美国纽约港站了100多年了。

华盛顿

我是乔治·华盛顿，是美利坚合众国的第一任总统。我带领着美国人民取得了独立战争的胜利，并制定了美国的宪法，我认为每一个人生来平等。

自由女神像

这就是自由女神像，她是美国的象征，头戴王冠，右手高举象征自由的火炬，左手拿着《独立宣言》，她表达了美国人民向往自由的理想。

猫和老鼠

我叫Jerry，和Tom猫生活在一个屋檐下，我每天的生活就是和这只大猫斗智斗勇，虽然我们是敌人，但我们生活里总有彼此的存在，所以我们也是朋友。

美国在哪儿

美国的全名叫作"美利坚合众国"，简称美国，位于北美洲中部。美国地图就像一头大鲸鱼，是世界上领土面积第四大的国家，由华盛顿哥伦比亚特区、50个州和众多岛屿组成。

北京

约11170公里

华盛顿

美国和中国之间隔着一个太平洋！从北京坐飞机到美国华盛顿大约要飞14个小时呢。

美国大事年表

　　美国建国虽然只有200多年，从历史上来看可以说是一个年轻的国家，但它在经济、军事、科技等各方面都处于世界领先地位，是世界上综合实力很强的第一大国。在它200多年的历史里，也经历了很多重大事件。

- 1783年，在华盛顿带领下美国取得了独立战争的胜利，美利坚合众国建立。
- 1865年，美国南北战争结束，并确立了资产阶级的统治地位，从此美国走上资本主义发展的道路。
- 1969年7月20日，美国阿波罗11号飞船登上月球，这是人类第一次登月。
- 2001年9月11日，美国发生恐怖袭击事件，恐怖分子劫持了4架客机，分别撞击了纽约世贸中心的两栋大楼和华盛顿的五角大楼。

第一个登上月球的宇航员尼尔·阿姆斯特朗

为什么是"星条旗"

　　美国国旗是由50颗小星星和13道红白相间的条纹组成的，所以美国国旗又被大家称作是"星条旗"。50颗星代表着美国的50个州，13条红白相间的条纹代表着美国建国时期的13个殖民地。

13条红白相间的条纹代表着美国建国时期的13个殖民地

50颗星代表着美国的50个州

美国国旗

谁是美国的"头儿"？

美国实行总统共和制，美国总统是国家的元首，也是政府最高行政首长，兼武装部队总司令。政府内阁有副总统、各部部长和总统指定的其他成员，他们共同辅助总统治理国家。美国总统的任期是4年。

美国名片

首都：华盛顿
语言：英语
面积：936.3万平方公里
主要城市：纽约、洛杉矶、旧金山、芝加哥、波士顿、费城、西雅图
国花：玫瑰花

历经沧桑的白宫

这就是著名的白宫，美国总统就在这里办公，并且和家人居住在这里。朴素典雅的白宫早在1800年就已建成，那个时候它还是一个棕红色的建筑，被称作总统大厦。在1812年的一场战争中被战火损坏，后来为了修复它，整个建筑群就被粉刷成了白色，并改名为"白宫"。

白宫

有趣的节日

感恩节是美国的传统节日，每年11月的第四个星期四就是感恩节，它在美国人心目中很重要，感恩节仅次于圣诞节。在这一天，举国上下都热闹非凡，有许多戏剧表演和化装游行。这也是一个团聚的日子，每个在外面工作的人无论在哪里，这一天都会赶回家与家人团聚，共进晚餐。

感恩节晚餐的主角是火鸡，美国人喜欢把各种食物和调料一起塞进火鸡肚子里，比如土豆、香肠、胡萝卜等，然后把整只鸡放进烤箱里去烤。火鸡烤熟了，肚子里的食物也就一起烤熟了。除了烤火鸡，南瓜饼也是感恩节晚宴上的传统食物。一家人欢聚在一起共进美食，其乐融融。

火鸡

快到碗里来。

小Q说

感恩节旨在感谢生命中遇到的一些人和事。在美国很多家庭都会在这一天举办派对，如果家里有小朋友，爸爸妈妈还会做可爱的火鸡头饰给小朋友在派对上戴。而小朋友也会为父母做一张感恩贺卡来感谢爸爸妈妈的辛苦付出。

THANK YOU

到处都是星条旗的独立日

美国的国庆节是7月4日,也称美国独立日。在200多年前,1776年的7月4日,美国各殖民地代表在费城召开第二次大陆会议,庄严通过了《独立宣言》,宣布美利坚合众国脱离英国殖民统治。为了纪念《独立宣言》的通过生效,政府就将每年的7月4日定为独立日,也就是国庆节。

每到独立日这天,美国各大城市就成了国旗的海洋。无论是写字楼还是居民小区里到处都插着国旗,到大街上游行庆祝的人们穿戴的T恤、头巾、帽子上也都是美国星条旗的国旗图案,大家用这种方式来表达他们对自己国家的热爱。

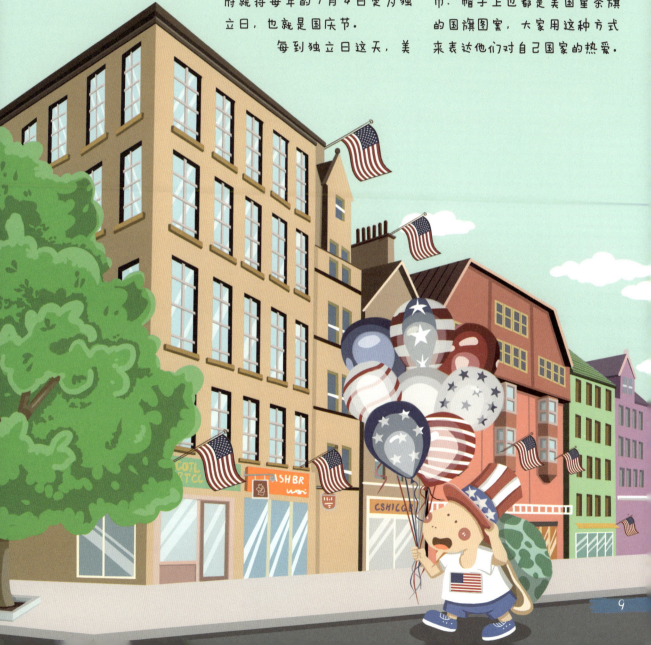

妙趣横生的海底音乐节

在海底举办音乐节？！听起来是不是很像动画片《海底总动员》里的场景。不过这真的是我们现实世界里存在的哦。在美国佛罗里达州的"凯斯国家海洋保护区"，每年的7月份，这里都会举行一场别出心裁的海底音乐节。来自美国各地的潜水爱好者，携带着各种仿制乐器潜入海底，以珊瑚礁为舞台，伴随着陆地上播放的音乐，充满激情地去表演，与鱼同乐。

当然，所有这些"海底艺术家"的表演都会遵守一个前提，那就是"关爱海洋环境，保护珊瑚礁"，他们不会对海底环境造成任何污染和危害。

能听一场免费的音乐会也不错！

复活节到了，快来找彩蛋

复活节是美国也是西方的一个重要的传统节日之一，是在每年春分月圆之后的第一个星期日，是春天里的一个节日，它象征着重生与希望。

为了迎接复活节人们会把家里彻底地打扫一遍，表示新生活从此开始。复活节当天大家都要穿上新衣服过节表示焕然一新。而复活节最典型的标志是复活彩蛋。通常复活彩蛋是用鸡蛋做成的，因为美国人认为"蛋"是象征新生命的开始。漂亮的复活彩蛋不仅代表了人们美好的心愿，还能起到很好的装饰作用。聪明的商家在复活节期间会出售各种花色诱人的塑料彩蛋，里面藏着小朋友们喜欢的糖果和礼物。

在这一天很多小朋友都会玩和彩蛋有关的游戏。大人们将彩蛋藏在屋里或者院子里隐蔽的地方，小朋友们会想尽办法去找，谁找到的彩蛋越多就代表他越幸运。

做一个彩蛋吧

1. 将鸡蛋的一端敲个小洞，取出蛋清蛋黄，洗净晾干。这样做是为了让你的彩蛋作品能长久保存。
2. 接下来可以直接用铅笔画上你想画的线图。
3. 现在就可以上色啦，可以用水粉颜料，或是丙烯颜料，等它晾干后就好啦！

快来和我一起找彩蛋吧！

美利坚特色

改变世界的硅谷

硅谷（Silicon valley）位于美国的旧金山市，这里聚集了全世界IT（Information Technology）行业的高科技公司总部，如苹果、Facebook、谷歌、惠普等，它们都在各自领域里有着傲人的成就。苹果电脑、谷歌搜索、Facebook的社交软件，这些产品都改变了人们的生活方式以及工作方式。

你知道吗？在一个世纪以前这里还只是一片果园，但是现在已经是电子工业和计算机产业的王国，是全世界高新技术的发展中心，因为这里聚集了一大批喜欢创新、擅长创新的人才。他们改变了硅谷，而他们创造的产品改变了世界。

小·Q说

硅谷之所以叫硅谷，因为这里首先是一段长约25英里的谷地，后来生产以硅为基础的半导体芯片，所以大家就将这片谷地叫作硅谷。

通常一提到自由女神像大家就会想到美国，因为它就是美国的象征。"自由女神像"全名是"自由女神铜像国家纪念碑"。神像矗立在纽约港口，高达46米，穿着古希腊风格的服装，头戴光芒四射的王冠，王冠上的七道尖芒象征地球的七大洲。右手高举象征自由的火炬，左手捧着象征着美国独立、人人平等的《独立宣言》；脚下是打碎的手铐、脚镣和锁链，象征着挣脱约束、向往自由。

自由女神像表达了美国人民争取民主、自由的崇高理想。1984年，自由女神像被列入世界遗产名录，所以来美国旅行的人都会到这里参观。

你可以从基座内部向上爬到我的头冠里看风景

小Q说

虽然自由女神像是美国的象征，但它却是由法国著名雕塑家在巴黎设计制作的。在1876年法国将其赠送给美国，作为庆祝美国独立100周年的礼物。

天呐！他手里端的是什么？

饮食界的"套娃"——特大啃（Turducken）

你可能见过俄罗斯套娃玩具，但你见过饮食界的"套娃"吗？这就是极具美国本土特色的一道食物——Turducken，翻译成中文就是特大啃。Turducken 其实是 turkey-duck-chicken（火鸡—鸭子—鸡）的缩写。看看下面它的制作步骤就知道为什么叫 Turducken 了。

制作"特大啃"的步骤

1. 将一只鸡处理干净，去掉鸡胸骨，浸泡在啤酒里去腥；
2. 用同样的方法处理鸭和火鸡；
3. 将调味料分别抹在鸡、鸭和火鸡上，然后将无骨鸡放进鸭的肚子里，再将无骨鸭放进火鸡的肚子里，还要再塞进去一些香肠、土豆、青椒等配料；
4. 把鸡、鸭、火鸡合拢好，用线在外面缝合起来，包好锡纸放进烤箱里烤制，大约 1 个小时就好啦！

烤好后的特大啃吃起来又香又过瘾。在美国，只有一些特别的节日如独立日、感恩节、圣诞节才可以吃到这道菜，不过这真是一道既有趣又有创意的食物呢。

第二章 小Q带你游美国

美国是世界上拥有最多博物馆的国家，不仅有顶级的综合类大型博物馆，还有很多专业类博物馆，如：航空、历史、自然、艺术等，大大小小的博物馆足足有几百座，里面的展品更是五花八门、千奇百怪，快和小Q一起去发现吧。

遍地都是博物馆的华盛顿

华盛顿不仅是美国的首都还是美国的文化中心。而博物馆就是展示各种历史与文化的地方，据说华盛顿是世界上拥有博物馆最多的城市。

美国国家航空航天博物馆

"哇！这里也太酷了吧！"小Q来到了美国国家航空航天博物馆，忍不住地叫道。这里真不愧是全世界首屈一指的飞行专题博物馆。在这个博物馆你可以看到只能从书上或者电视上才能看到的航天飞机、火箭、导弹和各类战斗机。它是目前世界上最大的飞行博物馆，一共有24个展厅，将近18000平方米的展览面积。

这里简直就是航空爱好者的乐园。从中国古代原始飞行器，到100多年前莱特兄弟发明的世界上第一架飞机，再到人类第一次登上月球的"阿波罗"11号登月舱，你都可以在这里看到。而且还能看到宇航员和飞行员的专业装备。如果你是个航天迷，这里定会让你流连忘返。

美国国立历史博物馆

美国国立历史博物馆是美国最大的历史博物馆，这里的收藏品可达 1700 万件以上。这要归功于博物馆的宗旨——"收藏、保管和研究影响美国人民经历的物品"。整个博物馆展览的主题都是表现美国人的生活，时间从美国独立战争结束一直到当代，涉及了服饰、民俗、天文、交通、科学、音乐等生活的各个方面。比如 20 世纪人们使用的电扇、缝纫机、打字机等。看着这些展品感觉就像穿越到从前的美国一样。

早期打字机

小 Q 说

当然馆内也不乏具有珍贵历史价值的物品，例如美国第一任总统华盛顿戴过的假发和使用过的佩剑；历届美国第一夫人在隆重场合下穿的礼服。

洛杉矶: 这里有好多大明星!

洛杉矶位于美国加利福尼亚州西南部,是美国第二大城市,有着美丽的自然景观,同时经济又很发达,而且是一个明星云集的城市,因为美国娱乐中心——好莱坞就在这里。

好莱坞和大电影

《疯狂动物城》《功夫熊猫》《神偷奶爸》《变形金刚》这些电影都是小Q爱看的!它们都是位于好莱坞的电影公司制作的。好莱坞是世界闻名的电影中心,这里聚集了世界著名的美国电影公司,很多大咖级的美国导演和明星也生活在这里。而且具有世界影响力的电影盛事奥斯卡金像奖颁奖典礼每年都会在这里举办。所以一说好莱坞大家都会想到美国电影。

美国电影在世界上有着举足轻重的影响力,因为好莱坞的这些电影公司拥有世界顶尖的制作水平,他们拍摄出的电影被世界各地的观众所喜爱。美国奥斯卡金像奖评选每年都会吸引各国优秀电影前去参加,而在好莱坞柯达剧院举办的奥斯卡金像奖颁奖典礼更是吸引了世界各国的大腕明星来走红地毯亮相。

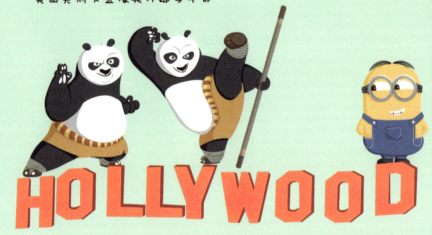

小Q说

奥斯卡金像奖的正式名称是"美国电影艺术与科学学院奖",是世界最有影响力的电影奖项之一,大家之所以称这个奖项为"奥斯卡"奖,据说是当时美国电影艺术与科学学院图书馆的管理员在仔细端详这个金塑像后突然惊呼:"啊!他看上去真像我的叔叔奥斯卡!"这话让在场的记者听到了,于是"奥斯卡"这个名字就传了出去,并被大家记住。

COTLAND

星光大道

虽然这颗星星上写的是我的名字，但我认为它是属于我和我的伙伴们的！

在好莱坞似乎一切都和电影和娱乐有关，比如这条闻名世界的马路——星光大道，路面上镶了好多星星。这些星星都是好莱坞商会颁给那些对娱乐业有杰出贡献的人的星形奖章。这些粉色的星星奖章会刻上获奖者的名字。第一颗星是1960年颁赠给当时的一位女演员，至今这里已有2500多颗星了，很多都是演艺界的大明星。瞧，这里还有属于小熊维尼的星星呢，它是星光大道上的第2308颗星星。

古老而艺术的波士顿

波士顿是美国最古老、最有文化价值的城市之一。这里聚集了多所世界著名的大学，比如哈佛大学、麻省理工学院、伯克利音乐学院等等都是世界顶尖级的高等教育机构，因此波士顿也被认为是美国高等教育中心。

诺贝尔奖的"摇篮"——哈佛大学

哈佛大学建于1636年，已经有380多岁，比美国建国还要早！是美国历史上最悠久的高等学府，也是世界最顶尖的高等教育机构之一。至今哈佛大学已培养出了158位诺贝尔奖得主，是全球诺贝尔奖得主最多的学校。在哈佛大学的毕业生里，除了有很多著名的学者外，还有很多杰出的商业和政界领袖。可以说哈佛大学是每一位莘莘学子都向往的大学。

哈佛大学校徽

小Q说

哈佛大学大概是世界上图书馆最多的大学，在这里大大小小的图书馆有70多个。而且还有将近20所对外开放的博物馆和艺术馆，里面不乏珍贵的艺术品和具有重要价值的展品。

哈佛大学校园建筑

波士顿艺术博物馆

在波士顿有很多博物馆都各有特色，小Q来到了以收藏东方艺术品著称于世的波士顿美术博物馆。这座博物馆是在美国建国100周年纪念日1876年7月4日正式开馆的。这里的馆藏物品非常丰富，有很多藏品是世界上独一无二的真迹。里面的展品有按地理位置分布的，如亚洲馆、非洲馆、美洲馆、欧洲馆等；也有按展品类别分布的，如古典艺术、乐器、当代艺术、欧洲绘画等。这些展品中最多的还是来自亚洲的艺术品，不仅有中国、日本等国的青铜、陶瓷、绘画、书法、纺织品、雕塑等上下五千年的各类艺术瑰宝，还有伊斯兰教、印度教和佛教艺术的珍品。由于展馆众多，展品丰富，作为游客只能选择自己喜欢的艺术品去欣赏，否则三天三夜也看不完呢。

小Q说

小Q在这里看到了很多珍贵的中国古画，还有我们中国制造的琉璃红碗。

中国琉璃红碗

MUSEUM OF FINE ARTS

纽约：自由之城

看到了自由女神像就说明你已经来到了美国第一大城市——纽约。纽约也是世界上最发达的城市之一，它是最能代表美国的一座城市，也是美国的文化中心和艺术中心，拥有世界上最引人入胜的艺术博物馆和展览馆。

大都会艺术博物馆

纽约大都会艺术博物馆是美国最大的艺术博物馆，也是世界著名五大博物馆之一，它与北京的故宫、英国的大英博物馆、法国的卢浮宫、俄罗斯的艾尔米塔什博物馆齐名。

大都会艺术博物馆设置了5大展厅，包括欧洲绘画、美国绘画、原始艺术、中世纪绘画和埃及古董展厅，共248个陈列室。里面的展品不仅有绘画和雕刻，还有花毯、乐器、服装以及装饰品等等，时间跨度有6000年，是一部真正的"百科全书"。

瞧，这里还有欧洲中世纪的骑士穿的盔甲。看上去是不是很威武？

要是我穿上这盔甲，骑上战马，是不是也会变成一个英勇的骑士？

信不信由你！这里有长了两个头的羊和3条腿的鸡！还有很多让你"万万没想到"的东西。这里就是"里普利信不信由你博物馆"。这座博物馆是由一位名叫罗伯特·里普利的冒险家创办的。里普利曾环游世界，去过198个国家，搜集了世界各地的稀奇古怪的东西，他将这些东西都带回了美国做成标本或复制品展出。总之在这个博物馆的每个地方你都能发现奇特无比的东西，而且还有疯狂有趣的互动体验！

哈，小Q觉得这个"信不信由你博物馆"本身就是一个让人惊奇无比的地方了。不过这里有些奇怪的东西看上去就像怪物一样，如果小宝宝来可能会有点害怕哦。

小Q说

"信不信由你博物馆"还有一些分支机构建在世界各个地方。比如我们中国的香港、韩国、英国、泰国等。它们的主题都是展出一些稀奇古怪的东西，让人大开眼界。

在纽约还有一家博物馆虽然不大，却是可以和大都会艺术博物馆相提并论的，这就是现代艺术博物馆，这里收藏了世界上很多重要又杰出的艺术品，其中不乏很多大师的佳作。梵高的《星月夜》、毕加索的《亚威农少女》、达利的《记忆的永恒》、莫奈的《睡莲》等很多经典的作品都可以在这里看到。

瞧，这幅画里的钟表好奇怪啊！桌子上的那块表像张大薄饼一样，树枝上的表就像条毛巾一样。小朋友，你看到这幅画是什么感觉？

达利的作品《记忆的永恒》

小Q说

哈，这个人的胡子好搞笑，他就是西班牙著名的大画家萨尔瓦多·达利，这幅《记忆的永恒》就是他的代表作之一。达利是一位具有非凡才能和想象力的艺术家，他的作品常常表现出怪异梦境般的形象。

第三章 让旅行更完美

去美国旅行我们要注意什么？出发之前要做哪些准备？想要不虚此行就要提前做好准备哦。这样才能让你的旅行更完美！

小旅行家做功课！

认识美国货币

1 美元

在美国人们消费使用的货币是美元，美元的面额有1、2、5、10、20、50以及100美元等。当然还有不同面额的美分硬币。不过硬币我们一般不会用到。在美国给小费通常至少也是1美元起。1美元的纸币正面所印的头像就是第一任总统乔治·华盛顿。其他面额的纸币上所印的人物也都是美国历任总统或名人。

10 美元

50 美元

美国的春夏秋冬

美国是个东西南北跨度很大的国家，如果是在秋冬季节，不同地区温差会比较大，有些地区冷到不行，而有些地区可能会阳光正好比较温暖。所以选择去美国旅行，区域跨度比较大的话，可以在每年的5月~10月去，这个时候正值美国春末和夏季，各个城市之间的温度相差比较小，而且气候也很适宜旅行。

倒时差

美国要比我们中国的北京时间晚13个小时，比如现在是北京时间19点，那么美国的华盛顿时间就是这一天的早上6点。

北京时间

华盛顿时间

交通工具

　　在美国游玩可以选择公交车出行，各大城市的公交线路都通往四面八方，票价也便宜，1美元到几美元不等。而且美国多数公交车上的乘客都不多，乘坐起来也很舒适。由于美国是"车轮上的国家"，当地人出行几乎都用私家车，所以并不是每个城市都会有地铁。只有在纽约、华盛顿和洛杉矶这样的人口密集的大城市，为了缓解交通压力政府才修建了地铁。如果在这些城市游玩选择地铁是最方便快捷的了。

我想要个纪念品

　　去美国旅行买一些喜欢的纪念品留作纪念吧。实用好看的纽约洋基队棒球帽会是个不错的选择；有特色的当地印第安人工艺品，或是精致的自由女神像摆饰，放在你的房间里会显得很独特。当然，还有好吃的太妃糖也是小朋友们的最爱！

洋基队棒球帽

盐水太妃糖

印第安人传统工艺品

自由女神像摆饰

让人大块朵颐的美式餐

美国人的饮食倡导方便快捷，虽然看起来没那么讲究，但吃起来味道还不错哦。一日三餐的早、午两餐通常比较随意，作为正餐的晚餐会丰盛、讲究一些。大概是因为大家白天都忙于工作，为了省时间、图便利而选择快餐，所以美国的街头到处都是各种快餐店。

简单又营养的早餐

美国人的早晨通常选择一些能提供热量和营养的食物，如烤面包、华夫饼、煎蛋、培根、火腿等，再搭配上牛奶泡麦片、果汁或咖啡。

快捷、高能量的午餐

美国人工作午餐吃的并不多，但都是可以提供高能量的食物，比如：夹了肉、蛋和蔬菜的汉堡包，或者热狗、生菜沙拉，再搭配一杯咖啡或饮料就搞定了。

正式而丰盛的晚餐

大概是因为觉得辛苦工作了一天，所以晚餐要犒劳一下自己，美国人的晚餐通常都比较丰盛，饭前有浓汤；正餐有烤羊排或牛排、炸虾、蔬菜、面条等；饭后还要来一份甜点和咖啡。

Thank you! 这是你的小费

美国人有付小费的习俗，在餐厅吃饭通常要付餐费的15%作为小费，若是在快餐店就餐，小费会直接从账单里扣掉。如果打车，也要付车费的15%给司机作小费。

住酒店时，每天早上要在酒店房间里留下1美元的小费给清洁服务人员。如果需要酒店的行李员帮忙搬行李，也要付给行李员1~2美元。

在美国旅行，可能会常去快餐店吃饭，在快餐店点餐有一些专用短语和词汇，一定要了解哟！

For here or to go? For here.	是在这里吃，还是带走？ 在这儿吃。
Which sauce do you like? Ketchup.	你想要什么酱？ 番茄酱。
What kind of drink? A cup of Coke without ice.	要喝什么？ 给我一杯不加冰的可乐。
Could I have extra napkins?	我能多要几张纸巾吗？
I'd like a hamburger and an apple pie.	我要一个汉堡包和一个苹果派。

去美国旅行，很多消费场合需要付小费，来看看付小费的时候应该怎么说吧！

Thank you. This is your tip.	谢谢你，这是你的小费。
I left the bill and your tip on the table.	我在桌上留下了餐费和你的小费。
How much do I owe?	我应该给你多少？
Thank you for your thoughtful service.	感谢你周到的服务。

动动脑，动动手

● 小朋友，美国之旅结束了，你喜欢美国这个年轻的国家吗？美国的哪些地方给你印象最深刻呢？

A. 美国历史自然博物馆　　B. 美国国家航空航天博物馆

C. 好莱坞　　　D. 纽约大都会博物馆　　　E. 哈佛大学

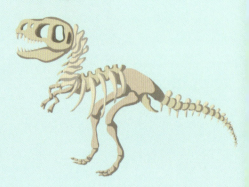

梵高

美国的博物馆真多啊，而且每个博物馆都很棒，都有很珍贵的展品。这次旅行里，小Q去了多少座博物馆？这些博物馆里的展品你最喜欢哪一件呢？小Q因为喜欢画画，就看了很多名画。比如这幅经典的油画《星月夜》是在纽约现代艺术博物馆看到的，它是荷兰画家梵高画的。

我喜欢画画，走到哪里，就画到哪里，如果要你来画美国，你想画什么呢？

《星月夜》

这幅画是印象派画家梵高的代表作之一。梵高用夸张的手法表现了充满动感和变化的星空。夜空之下，安睡的村庄显得宁静而安详。疯狂生长的柏树像火焰一样向着星空生长。小朋友你喜欢这幅画吗？

在这里画下你喜欢的美国吧！

去旅行吧！
意大利文艺复兴之旅

李欣雨 刘瑜／编著　　野作插画工作室／绘

撒丁岛

现代教育出版社
Modern Education Press

中国图书进出口（集团）总公司
CHINA NATIONAL PUBLICATIONS IMPORT & EXPORT (GROUP) CORPORATION

一次旅行，一些发问，会在孩子心里埋下怎样的种子？

第一章 这就是意大利

Hi，我是乌龟小Q，我喜欢旅行，看不一样的风景；喜欢冒险，体验新鲜又好玩儿的事物；我还喜欢尝试好多好吃的，因为每个地方的美食都别有风味！小朋友，快和我一起去旅行，去看世界吧！

这次我们要去文艺复兴发源地意大利，那里诞生了很多伟大的艺术家和科学家，影响了整个世界。小Q最崇拜的达·芬奇就来自这里，我们一起去看看这是一个怎样的地方吧。

意大利

一提到意大利你最先想到什么？小Q最先想到的是：
比萨斜塔、意大利面、达·芬奇、匹诺曹、伽利略……

匹诺曹

我是《木偶奇遇记》里的木偶匹诺曹，当我说谎话时我的鼻子就会变长一些，说的谎话越多，鼻子就会越长。小朋友你可不要说谎，迟早会被发现的。

意大利面

我可以是螺丝状，也可以是蝴蝶状，还可以是贝壳状，但不管啥形状我都是美味的，我就是全世界人民都欢迎的意大利面。

比萨斜塔

这就是斜着站立了600多年都没倒下的比萨斜塔，作为比萨大教堂的钟楼，它比大教堂本身还要出名。据说比萨斜塔还可以斜着站立300年而不倒哦。

伽利略

我叫伽利略，是意大利数学家、物理学家和天文学家，我用自己改良的望远镜观察日月星辰，开辟了天文学的新天地。我曾经站在比萨斜塔上做了"自由落体实验"，这让比萨斜塔更有名了。

达·芬奇

全世界的人都知道我画了《蒙娜丽莎》这幅画，但其实我不仅会画画，我还是一个雕刻家、生物学家、建筑师，对了，我还懂解剖学，人们都说我是天才，我只是很喜欢研究这些东西，于是就专注地去做了。

北京

从北京乘坐飞机到意大利的首都罗马大约需要11个小时哦。

罗马

撒丁岛

北京之罗马13万公里

意大利在哪儿

意大利位于欧洲南部，主要由南欧的亚平宁半岛及两个位于地中海中的岛屿西西里岛与萨丁岛所组成。地图上的意大利领土就像一只"长筒靴"。有意思的是在意大利领土上还包围着两个独立的袖珍国家——圣马力诺与梵蒂冈。

意大利大事年表

意大利共和国简称意大利，是有着悠久历史的欧洲古国，从古罗马帝国到现代高度发达的资本主义国家，意大利经历了数千年的变迁。

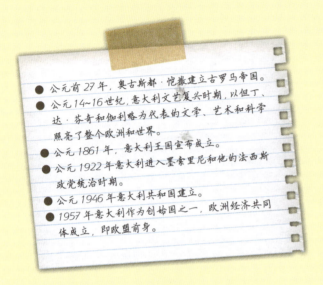

- 公元前 27 年，奥古斯都·恺撒建立古罗马帝国。
- 公元 14~16 世纪，意大利文艺复兴时期，以但丁、达·芬奇和伽利略为代表的文学、艺术和科学照亮了整个欧洲和世界。
- 公元 1861 年，意大利王国宣布成立。
- 公元 1922 年意大利进入墨索里尼和他的法西斯政党统治时期。
- 公元 1946 年意大利共和国建立。
- 1957 年意大利作为创始国之一，欧洲经济共同体成立，即欧盟前身。

但丁的《神曲》
揭开了文艺复兴的序幕

为什么是"三色旗"

意大利国旗与法国国旗非常相像，据说是拿破仑攻入意大利半岛后，仿照法国国旗设计而来的。只有一点不同在于，意大利国旗的最左边是绿色，而法国国旗的最左边是蓝色，可千万不要认错了哟！

关于三色旗颜色的含义有种说法是：绿色代表意大利美丽的土地；白色代表阿尔卑斯山的皑皑白雪；红色代表爱国者的热血。

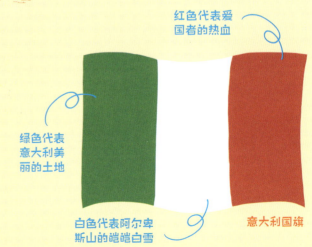

红色代表爱国者的热血

绿色代表意大利美丽的土地

白色代表阿尔卑斯山的皑皑白雪

意大利国旗

谁是意大利的"头儿"？

意大利是典型的议会民主制政体，总统由议会选举产生，任期7年。意大利人认为总统是国家主权完整的象征。总统可以任命总理并对议会负责，意大利总理是意大利共和国的最高行政首长，领导各行政机关运作。总统和总理在一起互帮互助，共同管理国家。

意大利名片

首都： 罗马
语言： 意大利语
面积： 30.13万平方公里
主要城市： 米兰、佛罗伦萨、威尼斯、那不勒斯、都灵
国花： 雏菊

如艺术宫殿般的总统府

意大利总统府奎里纳莱宫坐落在罗马城地势最高的奎里纳尔山丘上。它曾是1861年时的意大利国王翁贝尔托的王宫，占地面积约11万平方米，是世界第二大国家元首府邸。这里不仅是意大利总统府，也是一座艺术宫殿。因为整座建筑辉煌壮丽，而且收藏了丰富且珍贵的艺术品，所以这里同时又是一座很有价值的博物馆。

奎里纳莱宫

有趣的节日

儿童节,女巫发礼物啦!

在意大利除了圣诞节小朋友能在圣诞袜里发现来自圣诞老人的礼物,在1月6日意大利的儿童节这天,孩子们也能从准备好的袜子里找到礼物哦。不过这礼物不是来自圣诞老人的,而是相传一个叫贝法娜的女巫骑着她的扫帚送来的。

传说中的贝法娜,是一位意大利女巫奶奶,她穿着宽大的补丁裙,戴着尖尖的巫师帽,骑着扫帚,在1月5号的深夜悄悄地从天上飞来,给所有的孩子们带来糖果。如果过去的这一年表现好的乖小孩,在6号早上醒来时,可以在袜子里找到好吃又好看的糖果;而那些顽皮的不乖的孩子,就只能收到难看的黑炭糖。

当然,女巫贝法娜只是传说而已,1月5号深夜塞进小朋友袜子里糖果的都是扮成女巫的家长们啦。

我来发糖果咯!

女巫贝法娜奶奶

快来呀，威尼斯狂欢节开始啦！在圣马可广场的舞台上，大家跟着音乐载歌载舞，有的穿着华丽的礼服扮成中世纪贵族，有的扮成当代的大明星，还有的扮成各种卡通形象，每个人都戴着各式各样的面具，唱着跳着，欢快无比。

每年 2 月份为期两周的狂欢节让水城威尼斯变成了狂欢之城。威尼斯狂欢节已有几百年的历史，最大的特点就是华丽的服装和面具。早在 18 世纪，欧洲各国的王公大臣、绅士淑女都会赶到威尼斯，和当地的人民一同参加狂欢活动。所有人都戴着面具平等地在一起唱歌跳舞，好不开心！

小 Q 说

意大利人喜欢面具的传统要追溯到 1700 年前，当时的意大利人发现面具可以暂时消除社会地位差异，穷人能变成富人、女人能变成男人、小人物也能扮成大英雄。

戴上面具一起来狂欢吧！

圣马可广场钟楼

意大利的特色

意大利的骄傲——文艺复兴三杰

文艺复兴源自意大利，是14世纪到16世纪兴起的复兴希腊、罗马古典文化，以及倡导个性解放的思想文化运动。在这场运动之中出现了许多伟大的人物。在文艺复兴的巅峰时期，意大利就产生了3位伟大的艺术家：全才大师达·芬奇，雕刻大师米开朗基罗，以及画圣拉斐尔。

我不仅是个艺术家还是个科学家。

达·芬奇

达·芬奇最为人所知的身份可能是画家。他画的《蒙娜丽莎》是世界美术杰作之冠。但同时他又是学识渊博的科学家，在解剖学、生理学、地质学、植物学和机械设计方面都有建树，被誉为许多现代发明的先驱。小Q最崇拜的人就是达·芬奇，因为达·芬奇是至今整个人类历史上最全面的人才了。

米开朗基罗也是多才多艺的艺术大师，兼雕刻家、画家、建筑家和诗人于一身，他一生追求完美，坚持己见，创作风格几乎影响了三个世纪的艺术家。他创作的梵蒂冈西斯廷教堂的巨幅屋顶壁画——《创世纪》被称为世界上最宏伟的艺术作品。他的人像雕塑作品《大卫》更是举世闻名！后世的人为了表达对米开朗基罗的尊敬，还用他的名字为一颗小行星来命名。

我也是个多才多艺的人。

米开朗基罗

我画了很多圣母作品，被后世认为是美术史上的杰作。

拉斐尔

拉斐尔·桑西是文艺复兴三杰中最年轻的一位艺术家，他是卓越的画家，被后世尊为画圣。拉斐尔善于吸收各家之长，加以自己的创造，留下了许多一流的杰作，最著名的是《花园中的圣母》。他的作品充分体现了安宁、和谐、对称以及完美和恬静的秩序，缔造了文艺复兴时代最辉煌的艺术业绩。

意大利足球

你喜欢足球吗？小Q最喜欢踢足球啦！在意大利，最受欢迎的运动就是足球，几乎每个城市都有自己的球队，足球在意大利已然成了一项全民运动。各个城市的公园、广场，随处都能看见踢球的大朋友和小朋友。而代表国家比赛的意大利男子国家足球队也是世界强队，在各大比赛上都取得过傲人的成绩，他们曾赢得4次世界杯冠军哦。

意大利国家足球队队徽

小Q说

意大利最著名的两支球队是国际米兰队和AC米兰队，他们都来自意大利的米兰。两支球队都很出色，在欧洲足坛不分伯仲。他们彼此的队员既是对手也是朋友，以竞争的方式相交了近100年呢。

将来我要踢一场真正的足球赛！

意大利菜是西餐之母，在世界上享有很高的声誉，它的发展史源远流长，就连著名的法国大餐都是源自意大利菜。经典的菜肴包括肉酱千层面、佛罗伦萨牛排、海鲜汤等。

当然，相比那些大菜，在中国人尽皆知的还是意大利面和比萨。意大利面也叫意大利粉，形状除了直身型，还有很多种花式，比如螺丝型、弯管型、蝴蝶型、空心型、贝壳型……林林总总可达数百种哦。吃面酱料很重要，意大利面的酱料基本来说可分为红酱和白酱，红酱是用番茄为底的红色酱汁，是我们比较多见的。白酱则是由面粉、牛奶及奶油为底的白酱汁。红酱、白酱味道不同、各有风味。

红酱意面

白酱意面

意大利比萨同样是风靡全球的一道美食。你知道吗？比萨早在公元前就被聪明的意大利人发明出来，可以说是一道历史悠久的美食了，2017年还被列入了联合国非物质文化遗产名录中。看来，当我们在享受意大利比萨时，也是在品尝一种文化。小朋友，你最喜欢什么口味的比萨？小Q最喜欢吃番茄牛肉比萨啦！

小Q说

吃比萨不像吃正式的西餐那样讲究，可以很随意，将一块比萨折起来拿在手里吃就好。而当比萨折起来时，外层的面皮没有裂开，就说明这张比萨做得很成功。这就是鉴定制作比萨的饼皮手工优劣的依据之一。

第二章 小Q带你游意大利

　　意大利是一个有着上千年文明的国家，在这里我们不仅能看到代表古罗马文明的斗兽场，还能在威尼斯体验到别样的水城趣味，更能在佛罗伦萨和米兰这样的古城欣赏到文艺复兴时期留下的建筑、雕塑作品。快和小Q一起去领略意大利的人文艺术吧。

罗马：古老文明的永恒之城

罗马是意大利的首都也是意大利最大的城市，它是古罗马帝国的发祥地。这个有着2500多年历史的文化名城，有着丰富的文化遗产，被称为"永恒之城"，是世界最著名的游览地之一。

古罗马帝国的象征：古罗马斗兽场

唉？这个圆形的建筑是个体育场吗？其实这里就是象征古罗马文明的古罗马斗兽场遗址。它建于公元72~80年间，堪称建筑史上的典范杰作和奇迹。即使是2000年后的今天，现代化的大型体育场都或多或少地借鉴了古罗马斗兽场的设计风格。古罗马斗兽场是古罗马帝国专供奴隶主和贵族观看斗兽或奴隶角斗的地方，以庞大、雄伟、壮观著称于世。整个斗兽场占地约两万平方米，共分4层，但高度相当于现代楼房的19层，可容纳近9万人！曾经的斗兽场有着精美的顶棚、窗户和大理石贴片的装饰外墙，但在罗马帝国灭亡时，这里遭到了严重破坏，如今只剩下大半个骨架，不过依然能让人感到它雄伟磅礴的气势。

古罗马斗兽场就是2000多年前的高层建筑哦！

古罗马斗兽场

不说真话就咬手的真理之口

看！小Q为什么把自己的胳膊伸进了一个面谱石雕的嘴里？嘴里还念念有词的。原来这是最古老的测谎器，如果说谎的人把胳膊伸进去就会拔不出来。这个测谎器有一个听起来很权威的名字——真理之口。相传在中世纪的时候，意大利人认为这副面谱的大嘴代表神的判决，因此用它来对付说谎者。

"真理之口"位于罗马的科斯美汀圣母教堂，它其实就是一块雕刻着海神头像的石头圆盘。每天都有世界各地的人来这里把胳膊伸进真理之口拍照。小Q很好奇，如果说谎后把胳膊伸进真理之口到底会发生什么事呢？

小Q说

在奥黛丽赫本主演的电影《罗马假日》里男主角将手伸进"真理之口"中，假装自己的手被咬断，把美丽的赫本吓得花容失色。从那以后"真理之口"开始声名大噪。

许愿泉——特莱维喷泉

　　哇！这是一座喷泉吗？简直就像宫殿一样华丽！没错，特莱维喷泉的确是意大利最漂亮的雕刻艺术品，它是世界上最大的、最负有盛名的喷泉，历时30年才建成。喷泉的中心雕刻的是海神尼普勒，一副桀骜不驯、藐视众生的神态。海神脚下有两匹骏马，被两个人身鱼尾的仆人牵引，分别象征着平静与汹涌的河流，左边的一个毫不驯服，右边的那个温顺随和，朝着两个方向拉着后面如同凯旋门的背景；海神的左右还各有一位女神；在背景墙的顶部，有四位女神各持不同的神器，象征着四季。

　　特莱维喷泉有一个更好记的名字就是"许愿泉"。罗马人相信，只要背对着喷泉将一枚硬币从左肩上方抛入水池中就可以实现愿望。如今许愿泉旁总是聚集了来自世界各地的游客来这里许愿。瞧，小Q正准备抛硬币呢，他会许下什么愿望呢？如果你到了许愿泉，你想许下什么心愿？

我的愿望是：希望自己能在学校的运动会上跑第一！

据说许愿泉的水池里每年打捞上来的硬币总计约140万欧元，真是一笔不小的数目呢。意大利政府将这些钱用于慈善事业，为无家可归的人提供救助。看来，游客们投的这些钱，不仅满足了他们许愿的诉求，同时还做了救助穷人的好事。

威尼斯：古老的水上游乐场

在一个出门就是水的地方生活，想想就好玩儿。威尼斯就是世界闻名的水城，也是意大利的历史文化名城。整座威尼斯城的建筑、绘画及雕塑在世界上有着极其重要的地位和影响。早在1987年，威尼斯及泻湖就被列入《世界遗产名录》。我们一起去看看这座奇妙的水城吧。

波光水影中威尼斯大运河

世界上唯一一座没有汽车的城市就是威尼斯，因为这里的交通主干线就是威尼斯大运河，出行全靠船只。大运河全长虽不到4千米，却让整座威尼斯小城因它而生、因它而美。在大运河的两岸有教堂、有宫殿以及古老的旅馆，这些建筑风格有罗马式的、哥特式的和文艺复兴式的，每一座建筑都是一处景观。瞧，坐在船上的小Q正欣赏着两岸风景，他两只眼睛都已经看不过来了。

说到船，威尼斯最有特色的水上交通工具就是一种叫贡多拉的木船。这种轻盈纤细、造型别致、两头尖尖的小舟在威尼斯水城已有一千多年的历史了。它一直是威尼斯人代步的工具。如今，贡多拉已然成了威尼斯一枚旅游徽章，一提到威尼斯，人们就会想到摇曳在大运河上的贡多拉。

哇！贡多拉的速度好快！据说"贡多拉"这个名字来源于希腊语"kondyle"，意为轻快小舟。

贡多拉

瓦萨里画的这幅天顶巨幅壁画讲的是一个宗教故事,大约有200平方米,据说直到死他都没有画完,是后人继续完成的。

佛罗伦萨:文艺复兴发祥地

　　佛罗伦萨是欧洲文艺复兴运动的发祥地,如今是举世闻名的文化旅游胜地。这座历史悠久的文化古城充满了浓郁的文艺复兴时期的文化氛围,而它热闹的大街小巷和独具特色的教堂和博物馆又让这个城市显得朝气蓬勃。

文艺复兴的代表作:圣母百花大教堂

　　如果要找一座佛罗伦萨的标志性建筑,那非圣母百花大教堂莫属了。这座教堂不仅规模宏大,而且是整个文艺复兴时期的代表性建筑,被评为世界第四大天主教堂。早在1982年,圣母百花大教堂作为佛罗伦萨历史中心的一部分就被列入了世界文化遗产。可见这座教堂不同寻常。

之所以叫圣母百花大教堂，是因为它的外墙面使用了白、红、绿三种颜色花岗岩贴面，再加上繁复而精致的雕刻将文艺复兴时代所推崇的古典、优雅诠释得淋漓尽致。而教堂内部更是美得让人惊叹。巨大的穹顶直径达到45米，上面是16世纪佛罗伦萨画家乔尔乔·瓦萨里绘制的巨幅天顶画《末日审判》。当小Q抬头看到整个顶部是巨大的美轮美奂的画作时，真的被震撼得无以言表。如果你有机会来意大利，一定要来圣母百花大教堂感受一下它的魅力哦。

小Q说

整座圣母百花大教堂是由主教堂、钟楼、洗礼堂三个部分组成的，这座了不起的教堂总共建造了175年才得以建成。后来雕塑大师米开朗基罗又模仿它设计了梵蒂冈圣彼得大教堂，但米开朗基罗却说："可以建得比它大，却不可能比它美。"

乌菲兹美术馆

文艺复兴艺术宝库：乌菲兹美术馆

　　作为文艺复兴的心脏，佛罗伦萨曾聚集了很多艺术大师。达·芬奇、米开朗基罗、缇香、拉斐尔、马萨乔等这些为人熟知的艺术大家都在这里留下了他们令人惊叹的艺术作品，而这些作品就被收藏在乌菲兹美术馆。

　　乌菲兹美术馆就是一座"文艺复兴艺术宝库"，作为西方现代博物馆的发源地，它与法国卢浮宫和大英博物馆并称世界三大艺术博物馆，是世界上规模最大、水平最高的艺术博物馆之一。馆内共有46个画廊，分为三层，收藏着约10万件名画、雕塑、陶瓷等，并设置了很多西方艺术大师的专题陈列室。难怪这里被当作全世界艺术爱好者们的朝圣地。

小 Q 说

　　乌菲兹美术馆最初属于美第奇家族，这个家族统治了佛罗伦萨长达60余年。最初这里是美第奇家族的官邸，这个家族非常热爱艺术，曾经资助过很多艺术家，可以说没有美第奇家族就没有现在的乌菲兹美术馆。

古老又年轻的米兰

米兰位于意大利北部，曾是文艺复兴运动最活跃的城市之一。这座拥有悠久文化的历史名城，如今也是意大利最发达的城市，是世界著名的国际大都市，因建筑、艺术、绘画、时尚、足球、旅游等闻名于世。而米兰大教堂自然是来到米兰必去的旅游胜地。

"大刺猬"——米兰大教堂

瞧，这个活像只刺猬的建筑就是著名的米兰大教堂。哈哈，之所以说它像刺猬，是因为整座教堂的顶部有135个刺向天空的尖塔，远远看去就像是长了很多刺一样。

米兰大教堂是世界上最大的哥特式建筑，是文艺复兴时期典型的建筑代表。

作为世界上第二大教堂，米兰大教堂历时5个世纪才彻底完工。因为整座建筑极尽繁复精

美，是世界上雕塑最多的建筑。单是教堂外部墙壁就有2000多座雕塑，再加上内部的一共有6000多座。在教堂里可以看到许多艺术珍品，这里还安葬了一些意大利名人。教堂内还有宝物库和米兰大教堂博物馆供游人参观。

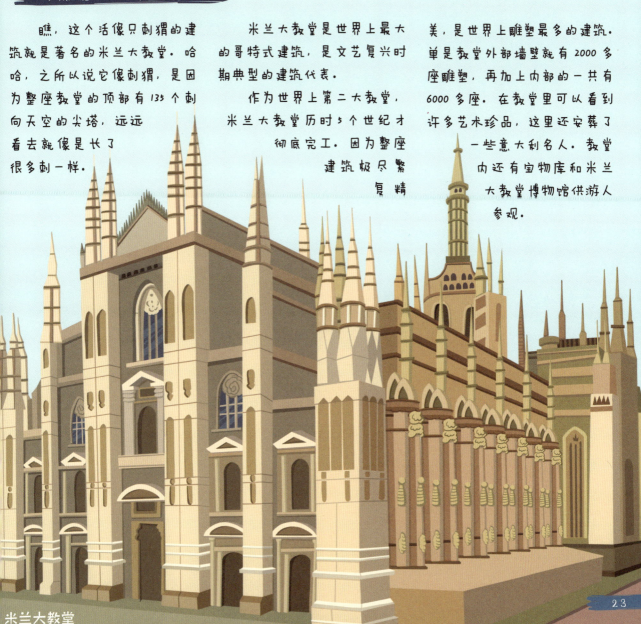

米兰大教堂

比萨：来看比萨斜塔吧

比萨也是意大利的一座旅游城市，距离佛罗伦萨很近，比萨的名气很大程度是受惠于比萨斜塔这个世界建筑奇迹。所以来到比萨，我们当然要去见识一下这个屹立了 600 多年而不倒的斜塔。

比萨斜塔

瞧！这是我和比萨斜塔的错位拍照。

比萨斜塔，3.99 度的世界奇迹

比萨斜塔是比萨大教堂的钟楼，1174 年比萨斜塔开始建造，动工五六年后，塔身开始从第三层倾斜，直到完工还在持续倾斜。这是由于它地基下面土层的特殊性造成的。不过不用担心，意大利政府已经对比萨斜塔进行修复，只要不出现不可抗拒的自然因素，300 年内是不会倒塌的。

比萨斜塔举世闻名的另一个原因是伟大的科学家伽利略在塔上做的自由落体实验。当时，伽利略站在塔顶，让不同重量的两个球体同时下落，他发现两个球体会同时落地。这一实验结果推翻了亚里士多德的结论：重量更大的物体会先落地。而这一错误结论已经持续了 1900 年。

小 Q 说

伽利略是出生于比萨的意大利天文学家、物理学家和数学家。他有很多卓越的成就，他总能以怀疑的眼光看待那些自古以来被人们奉为经典的学说，而这不仅需要扎实的知识背景，在当时更需要非凡的勇气。

第三章 让旅行更完美

去意大利旅行我们要注意什么？出发之前要做哪些准备？想要不虚此行就要提前做好准备哦。这样才能让你的旅行更完美！

小旅行家做功课！

认识意大利货币

以前意大利流通的货币是里拉，加入欧盟后，就换成了欧元，所以去意大利旅行，要准备一些欧元。通常使用最多的是10欧元、20欧元或50欧元面值的纸币，在出发前记得去银行兑换哦。

一欧元

十欧元

二十欧元

五十欧元

意大利的春夏秋冬

意大利一年四季都适合旅游，这个美丽的国度，在不同的季节游玩都不会令人失望。当然，如果想选择天气最好的季节可以在每年的4~6月，或者9~11月，这时候正值意大利的春季和秋季。冬天的意大利大多数地区都比较寒冷，但雪雾中的意大利又有一番别样的美丽。

倒时差

意大利罗马要比我们的北京时间晚6个小时。比如：现在是北京时间的早上8点钟，在意大利罗马却还是凌晨2点钟哦。所以如果你是罗马早上10点落地的话，那么其实你的生物钟已经在北京的下午4点了。

北京时间

罗马时间

意大利的每个城市都不大，来意大利游玩，罗马、佛罗伦萨、威尼斯、米兰等这些主要的城市都是必去的，而穿梭于这些城市之间首选的交通工具就是火车了。在意大利铁路网络很是发达，而且既方便又经济。火车站都设在市区内，游客很方便就可抵达车站。这些主要城市之间的火车车程大约是 2~3 个小时，火车班次也很频繁，因此，游客们可以灵活地安排出行时间。

我想要个纪念品

去意大利旅行当然要买一些当地有特色的纪念品了。比如匹诺曹木偶，你可以拿它自导自演一出木偶剧。选一个女巫贝法娜布偶带回家，也许她会在某天晚上送给你糖果哦。色彩靓丽的威尼斯面具和晶莹剔透的彩色玻璃制品也是极具意大利特色的好礼物。

女巫贝法娜布偶

威尼斯彩色玻璃制品

匹诺曹木偶

威尼斯面具

好玩儿的意式沟通

各种各样的手势语反映了意大利人热情开放的天性，他们认为肢体语言比声音更能传递情感。

意大利人的"第三张嘴"　意大利人以热情好客闻名，他们总是面带笑容，主动向人问好。如果你和一个意大利人交谈，你会发现他不仅有丰富的表情，还喜欢用各种手势来表达自己的情绪，因此"手"又被称为意大利人的"第三张嘴"。甚至有人说：如果你绑住意大利人的双手，他就不会说话了。哈哈，这听起来真有趣！

学一学　如果你有机会和意大利人交流，那学几个他们常用的手势语会有很大帮助哟。那样他们会认为你是一个热情而易沟通的人。伸出你的手来学一学下面几个手势语吧。

"**这是为什么？**"　五指指尖靠在一起，手腕上下轻轻摇动。表示：怎么回事？为什么？你想怎么样？有时也可以表达为"太好吃了！"

"**完美！**"　右手的拇指和食指扣成一个环，其他三个手指伸开，就像我们表达数字3的样子，在身体前面划一条横线，脸上还要配合一个满意的表情，这个手势就表示：完美！

"**太好吃了！**"　伸出右手食指，就像描述数字1的样子，食指放在右侧脸颊处，来回转动，意为"太好吃了"！

HELLO! 旅行英语不能少

没有小朋友不喜欢吃冰激凌的，而意大利的冰激凌又是全世界最棒的冰激凌。在意大利，一定要去冰激凌店点一个冰激凌哟。

What are the flavors of ice cream here?	这里的冰激凌都是什么口味？
We have at least 20 different flavors. what is your favorite ice cream?	我们有超过 20 种不同的口味。你最喜欢什么口味的冰激凌？
I'd like a double scoop of strawberry ice cream.	我要两个草莓味的圆筒冰激凌。
It's 5 euros in a cone and 3 euros in a cup.	用蛋卷装的是 5 欧元，杯装的是 3 欧元。
Would you like to have it in a cookie cone or in a cup?	你是想用蛋卷装还是纸杯装。
In a cook cone please.	我要用蛋卷装。

在意大利吃饭自然不能错过正宗的意大利面和比萨。了解下用英语在餐馆里点意大利面和比萨时是如何点餐的吧。

May I take your order?	需要为您点餐吗？
I'd like a medium pizza with pepperoni, olives, and extra cheese.	我要一个中号的比萨饼，加意大利香肠、橄榄和更多的奶酪。
I'd like the chicken penne with cream mushroom sauce.	我要鸡肉通心粉配奶油蘑菇酱。
I'd like the prawn fettuccine.	我要明虾宽面。
I'd like to have the grilled chicken, but can I have spaghetti instead of penne?	我要烤鸡肉。但是我想把通心粉换成蝴蝶面。

动动脑，动动手

小朋友，意大利之行到这里就结束了，你喜欢意大利吗？
意大利留给你印象最深刻的是哪里呢？

A. 古罗马斗兽场　　B. 特莱维喷泉

C. 乌菲兹美术馆　　　D. 比萨斜塔

E. 威尼斯大运河　　F. 米兰大教堂

G. 圣母百花大教堂

小 Q 说

　　小 Q 说他印象最深刻的地方是米兰大教堂，他认为这是世界上最漂亮的建筑。尤其是教堂窗户的那些绚丽的玻璃窗格，每一块都像一件艺术品一样美丽。

文艺复兴时期，意大利涌现了很多杰出的艺术大师，其中有三位大师被称为"文艺复兴三杰"，你还记得他们都是谁吗？他们当中小 Q 最崇拜的是谁呢？

如果你来画意大利，你会画什么呢？

拉斐尔　达·芬奇　米开朗基罗

在这里画下
你喜欢的意
大利吧！